Lew

BIOGRAFÍAS PORQUE SÍ

montena

Lewis York

Oriol Malet

BIOGRAFÍAS PORQUE SÍ

montena

Primera edición: abril de 2009

Printed in Spain - Impreso en España

ISBN: 978-84-8441-524-4
Depósito legal: B-12.073-2009

Impreso en Liberdúplex, S.L.U.
Sant Llorenç d'Hortons (Barcelona)

Encuadernado en Reinbook

GT 1 5 2 4 4

A Allan S. K. a Lucy y Tomoyo, y sobre todo a Meritxell

O.M.

ÍNDICE

ÍNDICE

PRÓLOGO

Los tiempos cambian

En la época en la que vivimos, la información corre mucho y nos da la sensación de que pasan más cosas que hace unos años. De cualquier noticia, sea donde sea que tenga lugar, incluso si es en la otra punta del mundo, de inmediato tenemos datos, imágenes, sonido. Esta velocidad también favorece que haya nombres de personas que, de pronto, suenen mucho, que se creen mitos, ídolos o estrellas de manera acelerada, aunque en algunos casos se recuerdan poco tiempo.

En cambio, los hay, y algunos son muy antiguos, que todavía perduran en la memoria colectiva gracias a lo que hicieron, a como fueron, al momento en que vivieron. Y si no recordamos sus nombres y apellidos, sí que conocemos su legado científico, artístico, práctico, los récords...

En este libro encontraréis apuntes biográficos en los que se explica lo que nos parece más interesante de cada personaje escogido. En un mundo tan comunicado, la información más fácil de repartir es la que se da resumida. Nuestra intención es despertaros la curiosidad y, si os quedáis con ganas de saber más sobre algunos de los personajes que aparecen, seguro que no os resultará difícil conseguir más datos.

Como toda lista, ésta no será del gusto de todo el mundo, ¡sería imposible! Pero con la selección también mostramos que los tiempos cambian y, con ellos, los valores de cada época. Así, por ejemplo, hace 50 años, probablemente hubiese sido inadmisible un libro de biografías en el que apareciese la pintora Frida Kahlo y no Goya, o en el que estuviera el inventor de la cinta adhesiva y no Leonardo da Vinci, o en el que se mezclase un cocinero, un diseñador de camisetas y un dibujante de tebeos con Cervantes, Beethoven y Alejandro Magno. Pues así es el libro que tenéis en las manos... ¿Y por qué? Pues porqué sí. Porqué todos hemos escuchado alguna vez el nombre de Joan Miró, ¿pero sabéis que dedicó toda la vida a aprender a pintar como un niño? ¿Y que cuando Woody Allen tenía tres años quedó maravillado el día que fue al cine por primera vez? ¿O que Einstein se impresionó con el regalo del día que cumplió cinco años: una brújula? ¿Y un nombre como Rachel Carson no os sonará de nada, verdad? Pues es una de las personas que pusieron en marcha el movimiento ecologista, y en honor a ella no gastaremos más papel en la introducción y os invitamos directamente a una fiesta llena de gente interesante. ¡Venga, no seáis tímidos, ellos os están esperando!

Lewis York

Adrià, Ferran

Cocinero (España, 1962)

Comenzó a estudiar empresariales, pero pronto lo dejó y se puso a trabajar de friegaplatos en un hotel de playa. Enseguida pasó por distintos restaurantes, cada vez de más categoría. Ferran siempre tenía (y tiene) ganas de aprender.

El 1983 entró a trabajar en El Bulli, un restaurante escondido en una cala del Empordà. Poco a poco, a base de mucho esfuerzo, él y Juli Soler, que ya trabajaba allí, convirtieron ese restaurante en el templo gastronómico que ahora es.

Actualmente, Ferran Adrià es para mucha gente el mejor cocinero del mundo; ha salido en las portadas de las publicaciones más prestigiosas (y no de cocina, de información general), ha recibido un montón de premios, lo han nombrado doctor *honoris causa* (un título muy importante que conceden las universidades), ha creado una escuela de cocina y ha abierto camino a otros cocineros. Porque este es uno de los secretos de su éxito: la creatividad. Utilizando productos de temporada y de la zona donde está, y con mucha técnica, intenta combinar los elementos del plato para estimular todos los sentidos de quien se lo vaya a comer.

Todo hay que decirlo, el éxito de la cocina de Ferran Adrià no hubiese sido posible sin el cocinero

francés Paul Bocuse, uno de los renovadores del arte culinario del siglo XX, que hace años abrió nuevas fronteras en el mundo de la gastronomía y dio protagonismo al cocinero. Bocuse se dio cuenta de que el restaurante es una especie de teatro y de que el chef es un director de escena... y el autor de la obra.

Alejandro Magno

Rey de Macedonia (Grecia, 356 aC - 323 aC)

Tuvo una vida muy corta, pero lo bastante intensa como para ser recordado tantos siglos después gracias al imperio que construyó (el postre de frutas cortadas a daditos no es un mérito suyo, que quede claro).

Hijo del rey Filipo II y de Olimpia, ya de niño, Alejandro fue entrenado como militar y cuando su padre fue asesinado accedió al trono (con tan solo 20 años) bastante preparado. Y se convirtió en uno de los conquistadores más importantes de la historia. Además del entrenamiento militar, y quizás aquí tenemos una clave de su éxito, recibió instrucción intelectual de un maestro muy especial, Aristóteles, uno de los sabios de

la antigua Grecia, que junto a Sócrates y Platón, por citar tres ejemplos de los más importantes, pusieron las bases de la cultura occidental.

Primero organizó los territorios macedonios, revueltos tras la muerte de Filipo II, y después atacó a la poderosa Persia y, con un ejército modesto pero haciendo uso de unas estrategias muy hábiles, consiguió conquistar el imperio Persa y continuar hacia el este, hacia Oriente. A medida que conquistaba tierras, añadía los soldados enemigos a su ejército y favorecía las bodas entre parejas de pueblos distintos, creando una especie de política de mestizaje. También unificó las monedas (como en la Europa del euro), impulsó expediciones comerciales y quiso mostrar la rica cultura griega a Oriente. Cuando murió, tenía previsto conquistar el oeste de Europa, y si lo hubiese conseguido quizás hoy todos hablaríamos en griego, comeríamos más yogur y bailaríamos el *sirtaki*.

El caso es que Alejandro creó un imperio gracias a la inteligencia, más que a la fuerza, aunque no superó la tentación de ser un poco chulillo bautizando con el nombre de Alejandría muchas de las ciudades conquistadas. La más importante y conocida es la de Egipto, pero también había alejandrías en la India, en Mesopotamia, en Siria, en Carmania...

Murió a los 32 años a causa de una enfermedad vírica y, con su muerte, también llegó el fin del imperio, porqué sus generales se limitaron a pelearse entre ellos por los territorios. Eso sí, durante siglos mantuvieron el ideal de trasladar la cultura griega a Oriente, tal como quería Alejandro, Alejandro Magno.

Allen, Woody

Cineasta (Estados Unidos, 1935)

Nacido en el barrio de Brooklyn de Nueva York, Allan Stewart Konigsberg (que es su nombre real) siempre ha explicado que prefiere la ciudad, en especial Manhattan, y que odia el campo. Ha ejercido de actor, de guionista y de director de cine, pero de muy joven también escribió artículos para revistas de teatro y comedias para la televisión; y antes de todo eso, en la escuela, escribía decenas de chistes cada día y los vendía a una empresa de relaciones públicas. Siempre ha tenido sentido del humor, pero también sensibilidad e inteligencia. Su obra se basa en tres temas principales: el amor, la religión y la muerte.

Su primer contacto con el cine fue cuando tenía 3 años y su madre lo llevó a ver *Blancanieves y los siete enanitos*. Lo impresionaron tanto aquellos personajes que se movían delante suyo, que corrió hasta la pantalla con la intención de tocarlos y jugar con ellos.

Su primera película (escrita, dirigida e interpretada por él) fue *Toma el dinero y corre*,

en 1968. Desde entonces ha rodado una película casi cada año y en las últimas se ha alejado de Nueva York y ha filmado en Londres, Venecia, Barcelona... Y es que Woody Allen es muy querido en Europa, quizás porqué su visión de ciertos temas coincide con la nuestra, teniendo en cuenta que él fue de los primeros en reivindicar mundialmente el cine de autores europeos como el sueco Ingmar Bergman.

Entre otros premios, ha ganado 3 Oscar, y ha estado nominado muchas veces. Pero como está en contra de los aspectos más comerciales del cine que representa Hollywood y sus premios, en lugar de ir a las fiestas, ha preferido quedarse en casa tocando el clarinete, que también lo hace bastante bien.

Almodóvar, Pedro

Cineasta (España, 1951)

Por coincidencias del orden alfabético, aquí tenéis otro hombre de cine. Nació en un pequeño pueblo de Ciudad Real (Calzada de Calatrava), hijo de una familia muy humilde y rodeado de mujeres, una situación que ha quedado muy reflejada en su cine. Con tan solo 16 años se marchó, sin dinero, a Madrid. Decidió aprender a hacer cine, pero el dictador Franco había cerrado la escuela de cine. Durante un tiempo trabajó de cualquier cosa y al final entró en la compañía Telefónica, donde trabajó durante 12 años. Así pudo comprarse su primera cámara súper 8 y empezar a rodar cortometrajes en 1972. El año 1980 rodó su primera película con tan solo 3.000 euros: *Pepi, Luci, Boom y otras chicas del montón*, con un guión suyo que tenía que ser una fotonovela para la revista *El Víbora* en la que Almodóvar colaboraba escribiendo artículos.

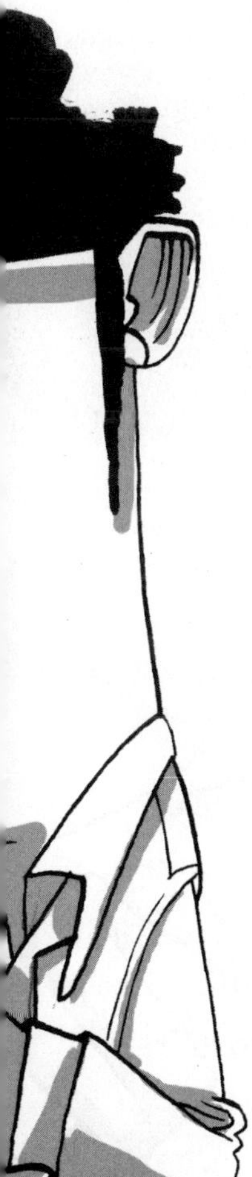

Pasó de ser uno de los ídolos de la denominada Movida Madrileña (un movimiento cultural muy activo en el Madrid de los años 1980) a ser uno de los directores españoles más respetados en el extranjero y más premiados, hasta el punto que tiene dos Oscar, uno por *Todo sobre mi madre* (como mejor film de lengua no inglesa) y el otro por *Hable con ella* (como mejor guión), un hecho insólito porqué la Academia que otorga los Oscar solo suele dar premios a películas, guiones, directores y actores de obras habladas en inglés.

También pasó de rodar un cine travieso a otro más sentimental, del rock al bolero, de la provocación punk al melodrama como los que filmaba un director que a Pedro le gusta mucho: Douglas Sirk... Todo, siempre con un estilo particular muy colorista.

Andersen, Hans Christian

Escritor (Dinamarca, 1805-1875)

Es famoso por haber escrito cuentos tan conocidos como *El patito feo*, *El soldadito de plomo*, *La sirenita*, *El vestido nuevo del emperador*, *El sastrecillo valiente* y muchos más, que han sido traducidos a más de 80 idiomas y que, además de leerse, también se han podido ver en adaptaciones de teatro, cine, ballet, dibujos animados y juegos de todo tipo.

Hans Christian Andersen era hijo de un zapatero que siempre estaba enfermo y de una lavandera. Eran muy pobres, tanto, que en alguna ocasión incluso tuvieron que pedir limosna y dormir bajo un puente. Al fin pudieron vivir en una habitación, todos juntos, y como sus padres lo querían mucho, el pequeño Hans pudo ir a la escuela, aunque solo hasta los 11 años, porque su padre murió y él tuvo que dejar las clases.

Siempre había leído mucho, pero también le gustaba el teatro y quiso ser cantante de ópera... pero fracasó. Todo el mundo lo tomaba por un personaje extraño. Viajó mucho y publicó artículos, poemas, obras de teatro, novelas... Pero solo tenían éxito sus cuentos de hadas y, como suele pasar, a él es lo que menos le interesaba. A pesar de esta insatisfacción, conoció gentes y lugares muy importantes y recibió muchos honores que, a veces, se conceden cuando quien los recibe ya ha fallecido. Hoy, el premio más importante de literatura infantil y de ilustración lleva su nombre.

Arden, Elizabeth

Empresaria (Canadá, 1878-1966)

Aquí tenemos la historia de una rivalidad entre dos mujeres que se avanzaron a su tiempo, trabajadoras y valientes, que se dedicaron a lo mismo en la misma época y que siempre lucharon por ser "la reina de los cosméticos".

La primera es Elizabeth Arden (su nombre real era Florence Nightingale Graham), hija de un modesto vendedor de verdura. Su madre murió muy joven y ella empezó a ayudar a su padre. La verdad es que vendiendo tenía gracia. Estudió para enfermera, pero pronto decidió aprovechar algunos conocimientos sobre cremas curativas y aplicarlos al mundo de los cosméticos. Se fue a vivir a los Estados Unidos en 1907 y se nacionalizó. Se convirtió en una empresaria muy profesional, cosa que ya es difícil hoy día, pero que para una mujer y hace 100 años todavía resultaba más complicado. En 1912, y después de mucho trabajo y esfuerzo, inauguró su primer salón de belleza donde vendía una pequeña gama de cremas y lociones. Cuando murió, 54 años después, su empresa fabricaba 450 productos, en 1.500 tonos distintos, que se vendían por todo el mundo. El rímel de pestañas y la sombra de ojos son creaciones suyas.

Elizabeth estaba convencida que el ejercicio, la dieta, el masaje y mantener una postura correcta eran esenciales para la belleza. Se levantaba muy temprano, comía poco y trabajaba mucho y con mucha intensidad. Trataba mal a sus empleados y subordinados, pero "a cambio" mejoró mucho una industria que en aquellos años era anticuada y antihigiénica.

¿Quién fue su gran rival? Helena Rubinstein (Polonia, 1872-1965), que nació en Cracovia, pero que emigró a Australia donde, con mucho esfuerzo, pasó de tener un rebaño de ovejas a abrir su primer salón de belleza (hay quien dice que el primero de la historia) en Melbourne, allá por el 1900. Tuvo mucho éxito gracias a un producto de protección solar elaborado con hiervas a partir de la receta de un fabricante de cosméticos húngaro amigo de la familia. Partiendo de aquí, y poco a poco, inauguró salones de belleza en Londres, París, Nueva York... hasta crear un imperio mundial. Fue muy innovadora y pionera en polvos de

colores y base de maquillaje. Cuando un nuevo local ya funcionaba, cedía el mando a una de sus seis hermanas. Y así, sin prisas pero sin pausas, llegó a tener más de 40.000 empleados.

Le encantaba el arte desde la época en que vivió en París, y tenía una colección de obras muy importante que llenaba las 26 habitaciones de su ático de lujo en Nueva York.

Entre Rubinstein y Arden, emprendedoras y visionarias, crearon casi todos los productos cosméticos que se venden hoy en día y, con sus envases lujosos, definieron el estilo que se quiere ofrecer. Y también inventaron el salón de belleza, el centro de salud y la publicidad en el cine. Lo que no se le ocurría a la una lo pensaba la otra. Y fueron rivales empresariales y personales, hasta el punto que, aunque coincidieron en algunos actos públicos, jamás se saludaron, solo se insultaban por la espalda. Porque de defectos iban servidas, no creáis: las dos tenían mal carácter, una ambición desmesurada y unas colecciones de joyas solo superadas por la de la reina de Inglaterra.

Murieron siendo muy ancianas, satisfechas del éxito logrado, cargadas de dinero y manías, pero muy solas: las dos se casaron dos veces, más por conveniencia o capricho que por amor, y no tuvieron hijos.

Armstrong, Lance

Ciclista (Estados Unidos, 1971)

Aunque practicaba otros deportes, cuando tenía 16 años ya se decidió por el ciclismo. En 1991, después de ganar el campeonato no profesional de los Estados Unidos, empezó a competir profesionalmente. En 1992 quedó en el puesto 14 en los Juegos Olímpicos de Barcelona y en 1993 ganó el campeonato del mundo. Tras este inicio bastante bueno participó en algunas carreras, pero sin ganar.

Pero la historia de este deportista dio un giro brusco en 1996, cuando le detectaron un cáncer muy complicado y en más de un punto. No se limitó a curarse, sino que en 1998 ya volvía a competir, aunque con unos resultados no muy buenos. Estaba decidido a dejarlo, a abandonar el ciclismo, pero el director de su equipo lo convenció de continuar.

En 1999 ganó por primera vez la prueba de etapas más importante, el Tour de Francia. Y lo repitió siete veces seguidas, un hito que quizá jamás se podrá superar. O sí, porque pretende conseguir su octavo Tour el 2009, a los 37 años, desafiando a todo el mundo. En el momento de imprimir este libro no sabemos si lo conseguirá...

Hablando de ciclismo sería injusto no citar a otro hombre increíble, Miguel Indurain (España, 1964), que aunque no tuvo que superar ninguna enfermedad como la de Armstrong, consiguió ganar cinco Tours de Francia seguidos y dos Giros de Italia, además de títulos mundiales y medallas olímpicas.

Los dos son respetados y siguen relacionados de alguna manera con el mundo del deporte, y los dos son constantes y tranquilos porque, sobre una bici, hay que saber correr, tener paciencia y espíritu de sacrificio.

Beethoven, Ludwig Van

Músico (Alemania, 1770-1827)

En la lista de los diez grandes músicos de la historia de la música clásica, él estaría. Y en la de los cinco mejores, también. Y posiblemente también en la de los tres. Bueno, es que para mucha gente, Beethoven es el mejor músico. Pero como no estamos en ninguna competición, que cada cual ponga en el lugar que prefiera a este incansable autor de 9 sinfonías, algunas de tan conocidas como la *Tercera*, la *Quinta* y la *Novena* o *El himno a la alegría*. Y también escribió oberturas, conciertos, una ópera y, entre otras piezas, 32 sonatas, algunas muy conocidas, como *Claro de Luna* y *Para Elisa* (por cierto, que en realidad no estaba dedicada a ninguna Elisa, sino a una joven pianista de nombre Teresa que no tocaba ninguna pieza de Beethoven porque le parecían demasiado complicadas, y el genio alemán, conmovido por la sinceridad de la chica, escribió esta pieza sencilla y bonita para piano, pero la mala letra del músico le jugó una mala pasada al copista, que confundió *Teresa* con *Elisa*).

Pero empecemos por el principio. Ludwig van Beethoven nació en Bonn, en 1770, y murió en Viena en 1827. En tan solo 57 años tuvo tiempo de escribir algunas de las páginas más importantes de la

historia de la música. Su padre (director de orquesta), como sabía que Mozart interpretaba conciertos a los 7 años, obligó al pequeño Ludwig a estudiar piano, órgano y clarinete y le hacía tocar a cualquier hora para impresionar a las visitas. Esta situación impidió que Ludwig tuviese amigos. Y lo forzó a dejar la escuela a los 11 años para dedicarse solo a la música. Además, padeció una infección en el oído que nadie notó y que con los años lo dejaría totalmente sordo.

Beethoven viajó a Viena a los 17 años, y allí coincidió con Mozart, que tenía 31 y que, tras verlo tocar, dijo: "Recordad su nombre, porque de este joven se oirá hablar por todo el mundo". Y, poco a poco, Beethoven empezó a interpretar conciertos y a escribirlos. En pocos años consiguió dejar de tocar en público para dedicarse a escribir, porque los editores se peleaban para publicar sus exitosas partituras. Además, la aristocracia austriaca, avergonzada de haber dejado morir en la miseria un genio como Mozart, le asignaron una pensión anual.

A partir de los 26 años se quedó totalmente sordo y, aunque pudo continuar escribiendo música porque la tenía dentro de la cabeza, se volvió todavía más arisco. Los aristócratas ya no confiaban en él: "¿Cómo va a ser un músico sordo? ¿Lo próximo que financiaremos qué será, un pintor ciego?", debían comentar por los pasillos de palacio.

Durante 10 años (de 1810 a 1820) compuso poco porque estaba inmerso en una batalla legal para conseguir la custodia de su sobrino Karl. El padre del muchacho, hermano de Ludwig, había muerto y con su cuñada no se llevaba bien... Beethoven no se casó nunca, pero tuvo algunas novias, y a pesar de los problemas de relación, su sobrino Karl fue como un hijo para él. Cuando murió, con poco dinero (porque tenía muchas acciones que quería que fuesen la herencia de su amado sobrino), 20.000 personas asistieron a su entierro. Fue un gran homenaje al maestro.

Benenson, Peter

Activista (Reino Unido, 1921-2005)

"Abra el periódico cualquier día y leerá que en algún lugar del mundo hay alguien en prisión, o alguien es torturado o ejecutado porque tiene opiniones inaceptables para su gobierno", así empezaba el artículo que el abogado Peter Benenson publicó el 28 de mayo de 1961 en la revista londinense *The Observer*. Este artículo ha sido considerado el inicio de la fundación Amnistía Internacional, una organización sin ánimo de lucro (es decir, que no pretende ganar dinero) que defiende los derechos humanos en todo el mundo, especialmente los de los presos que se denominan "de conciencia", ya que su "delito" es pensar de manera distinta a los que mandan. Y es que la chispa que provocó el artículo de Berenson fue que dos jóvenes de la ciudad de Coimbra (en Portugal) fueron condenados a 7 años de prisión por haber brindado "por la libertad" en un bar y delante de todos los presentes, cuando en ese país mandaba el dictador Salazar.

En aquel artículo, Berenson pedía que los lectores enviasen cartas de protesta y, aunque no esperaba muchas respuestas, llegaron miles. Actualmente, Amnistía Internacional cuenta con millones de miembros y seguidores. Berenson, que ya tenía mucha experiencia en asociaciones de este tipo y fue presidente de la organización hasta el 1967, recibió (él y Amnistía Internacional) el premio Nobel de la paz el 1977.

Bernhardt, Sarah

Actriz (Francia, 1844-1923)

Es una de las actrices más famosas de todas las épocas, por la calidad de sus interpretaciones y por la manera en que se dedicaba a su vocación, a su pasión por actuar.

Hija de padre holandés y madre francesa, Sarah entró a estudiar al Conservatorio de París a los 16 años. Dos años más tarde, en 1862, debutó en el teatro de la Comédie Française con la obra *Iphigenie*. Este fue el inicio de una larga carrera que la llevó a dar la vuelta al mundo más de una vez representando todo tipo de obras y personajes. Era tan buena actriz que incluso interpretó a un jovencillo cuando ya contaba... ¡78 años! En las actuaciones y también en otras actividades teatrales, porque también fue directora, se notaba su poderosa energía.

El cine, durante los primeros años, era considerado un entretenimiento de poca calidad y los actores de renombre no querían rodar películas. Pues ella, la Divina Sarah, como se la conocía en todo el planeta, fue la primera actriz valorada y famosa que actuó en un film, *Queen Elizabeth*, en 1913.

Y si todavía no había demostrado lo bastante la fuerza de su carácter, el destino le tenía reservada una prueba más: el 1915 sufrió un accidente y le amputaron una pierna. ¿Os pensáis que se encerró en casa a llorar su desgracia? Pues no: tan solo dos años después, y ya con 73 años, estaba dando una gira por toda América. Una actriz de talento y fuerza inagotables.

Calvin, Melvin

Científico (Estados Unidos, 1911-1997)

Este investigador, que era hijo de emigrantes rusos, se crió en Detroit y estudió química en las universidades de Michigan y Minesota (Estados Unidos) y Manchester (Reino Unido). En 1961 recibió el premio Nobel de química gracias a sus investigaciones sobre la fotosíntesis. ¿Sabéis qué es? Es el proceso con el cual las plantas convierten el dióxido de carbono en azúcares y almidones utilizando la energía del Sol. Está considerado el proceso bioquímico más importante que tiene lugar en la Tierra y Melvin descubrió como funcionaba, tras dedicar (él y su equipo) 7 años a investigar obsesivamente como reaccionaban las células de distintas plantas.

Para descubrir vacunas, por ejemplo, los médicos y científicos primero deben comprender cómo funcionan las enfermedades y muchos otros procesos de la naturaleza, y eso es lo que hizo Melvin, investigar el pasado y el presente para poder trabajar para el futuro.

Carson, Rachel

Primera ecologista (Estados Unidos, 1907-1964)

Bióloga y escritora, Rachel Carson está considerada la "madre" del ecologismo porque el 1962 publicó el libro *Primavera silenciosa*, en el que alertaba de los peligros que tenía para la fauna y la flora el uso sin control de pesticidas. Carson reunió pruebas que demostraban la responsabilidad del hombre en el envenenamiento de la tierra, el aire y el agua con compuestos tóxicos, insecticidas, residuos de todo tipo vertidos sin control, combustión de materiales contaminantes, etcétera.

Los industriales de la época quisieron ridiculizar sus investigaciones, pero las conclusiones a las que llegó Carson fueron respaldadas por el comité asesor del presidente que gobernaba los Estados Unidos, John Fitgerald Kennedy.

Aunque en esos años parecía que los EE.UU. se ponían al mando del movimiento ecologista que pretende preservar la Tierra y evitarle los peligros que provoca el hombre, actualmente es uno de los países menos dispuestos a aplicar medidas en este tema. Y es que el poder del dinero es muy fuerte, y muy injusto.

Parece mentira que hace 50 años costase admitir un hecho tan evidente como que si viertes productos químicos en el campo, sin comprobar todos los efectos, alguna cosa perjudicial puede pasar, ¿verdad? Pues hoy en día todavía hay muchísima gente que no da importancia a este tipo de hechos. Es necesario que todos colaboremos a no contaminar, a reciclar, a moderar el consumo de agua y de energía, porque nos estamos complicando el futuro...

Casals, Pau

Músico (España, 1876-1973)

Escribió muchas composiciones musicales, fue director de orquesta, interpretó muchos conciertos en todo el mundo, grabó muchos discos y fue un gran pedagogo porque enseñó a tocar el violonchelo a muchos otros músicos. Pero Pau Casals es especialmente recordado como instrumentista (muchos lo consideran el mejor violonchelista que ha existido) porque innovó en la manera de tocar, con un estilo que después han seguido muchos otros. Por eso, *El cant dels ocells* (un villancico tradicional catalán) interpretado por él se ha convertido en un canto a la paz en todo el mundo, un himno solemne y emotivo, incluso más que *El himno de las Naciones Unidas* (o *Himno de la paz*) que el propio Casals compuso. Un concepto, el de la paz, por el que siempre luchó. Además, en catalán, "pau" significa paz.

Cuando tenía 6 años ya estudiaba piano, órgano y violín, y cuando cumplió los 11 se decidió por el violonchelo. ¿Sabéis por qué? Porque vio la actuación de unos payasos y había uno que tocaba un instrumento parecido a un violonchelo y, poco después, asistió a un concierto de violonchelo. Lo tenía claro, él quería tocar aquel instrumento... pero sin llevar una narizota roja y unos zapatos enormes. Sus padres primero no quisieron comprar un violonchelo porque Pau ya tenía muchos instrumentos para escoger, y entonces un vecino se compadeció y le construyó uno con una calabaza. ¿Os lo imagináis?

Pasaron los años y en 1898 ya demostró en los conciertos de Lamoureux, en París, que era un virtuoso de este instrumento gracias a su técnica, pero también a la musicalidad que trasmitía. En 1905 fundó el trío Thibaud-Casals-Cortot, que sería uno de los mejores conjuntos de cámara del siglo XX. En 1919, cuando tenía 43 años, fundó la Orquesta Pau Casals, y la dirigió hasta el 1936, cuando estalló la Guerra Civil Española y se exilió 20 años a Francia y, después, a Puerto Rico (país donde nació su madre). Allí murió en 1973 de un ataque al corazón, un órgano que, aunque lo tenía grande y generoso, toda la vida le dio sustos.

Como hombre de paz ayudó a las personas castigadas por el dictador Franco y también las perseguidas por los nazis de Hitler. Con sus conciertos recogía dinero que después repartía como mejor podía. Recibió todo tipo de reconocimientos en agradecimiento por su implicación con la paz mundial, la democracia, la libertad y los derechos humanos, demostrada por medio de acciones, de palabras y, sobretodo, a través del lenguaje universal que es su música.

Cervantes, Miguel de

Escritor (España, 1547-1616)

Está considerado uno de los escritores más importantes de la historia gracias a la poesía, el teatro y, sobretodo, las novelas que escribió, en especial: *El ingenioso hidalgo Don Quijote de la Mancha*, una obra que muchos consideran la primera novela moderna y que sin duda es una de las mejores obras de la literatura universal.

Miguel de Cervantes viajó mucho, especialmente por España e Italia, y eso se nota en sus escritos. Y también fue soldado. Luchó durante 5 años en el ejército español, que en aquellos tiempos era muy poderoso. En la Batalla de Lepanto, contra los turcos, fue herido en el pecho y en la mano izquierda, que le quedó inútil: por eso hay quien le llama "el manco de Lepanto". Después, cuando volvía a casa en un barco, fue hecho preso en la Costa Brava y pasó 5 años en una prisión de Argel, de donde intentó escapar cuatro veces y de donde al final pudo salir gracias al dinero que una orden de frailes que se dedicaba a rescatar presos pagó por él (después lo tuvo que devolver).

Tuvo amantes, se casó (aunque su matrimonio no fue feliz y duró poco) y trabajó de recaudador de impuestos, porque hasta los 35 años, más o menos, no escribió *La Galatea*, su primera obra. En 1597 fue condenado a pasar un tiempo en prisión, acusado de quedarse parte del dinero que recaudaba, y allí empezó a imaginar la historia del *Quijote*. En 1605 publicó la primera parte de su gran novela y el 1913 la segunda. Entre la una y la otra publicó otras obras que demuestran su originalidad creativa y los distintos géneros narrativos que trató: novela picaresca, relatos, sátira, novela bizantina e incluso novela policíaca.

A Cervantes siempre se le compara a otros superautores, como Dante, Goethe y Montaigne, pero sobretodo con el que podríamos considerar "el otro" autor universal de su época: William Shakespeare (Reino Unido, 1564-1616), que nació un 23 de abril y murió también un 23 de abril, casi como Cervantes, que murió el 22 abril (fue enterrado el 23), pero del mismo año, el 1616. Y

unos cuantos años antes, según lo que cuenta la leyenda, también un 23 de abril murió el dragón a manos de San Jorge... pero, como se suele decir, eso ya es otra historia.

Si a Cervantes se le conoce por el *Quijote*, Shakespeare es famoso (aunque también escribió poesía) por su teatro, con obras que hace siglos que se representan y que todavía son vigentes, como *Romeo y Julieta*, *Macbeth*, *Otelo*, *El rey Lear*, *El mercader de Venecia* y muchas de tema histórico con el nombre de un rey en el título, como *Ricardo III*. A pesar de que murió con solo 52 años (y eso que no tuvo una vida llena de riesgos como la de Cervantes), escribió muchísimo, tanto, que hay quien afirma que no todas las obras que se le atribuyen las escribió la misma persona, que hay más de un Shakespeare... quizás porque no se conocen demasiados detalles de su vida privada.

Chanel, Gabrielle "Coco"

Diseñadora de moda y perfumes (Francia, 1883-1971)

Seguro que alguna vez habéis escuchado el nombre de un perfume que se llama Chanel núm. 5... Pues el origen de este perfume tan famoso es humilde, si seguimos la historia de su creadora, Gabrielle Bonheur, más conocida como Coco Chanel.

Hija de un vendedor ambulante, cuando su madre murió de tuberculosis, el padre la abandonó, a ella y a sus cuatro hermanos, en un orfanato que regentaban unas parientes. Coco solo tenía 6 años y ya se sentía triste porque nadie la quería. La falta de amor y la pobreza en la que vivió durante toda su infancia la marcaron para siempre. Pero tenía un carácter fuerte, e instinto de superación, y aprendió a coser muy bien. A los 17 años consiguió su

primer empleo de costurera, pero lo dejó para cantar en un cabaret. Quería ganar dinero para establecerse de modista. Y lo ganó.

Tuvo muchos novios y amigos, algunos muy famosos, ricos e incluso aristócratas. Por su manera de ser, que no obedecía las costumbres de comportamiento social de la época, se la considera una feminista, porque no se sometió al dominio de los hombres, como hacían las mujeres de ese tiempo.

Dicen que su primer diseño improvisado fue un jersey de hombre, una falda a cuadros y un pañuelo atado a la cintura de manera descuidada. Ella marcó la moda a seguir durante las décadas de 1920 y 1930, abrió varias tiendas, y se hizo rica, por ejemplo con contratos como el que le propuso el productor de cine Samuel Goldwin, que le pagó un millón de dólares a cambio de que diseñase la ropa de sus estrellas: Katherine Hepburn, Grace Kelly, Elizabeth Taylor y Gloria Swanson.

Pero su instinto de supervivencia le jugó una mala pasada y durante la Segunda Guerra Mundial se relacionó con diversos nazis, cosa que sus seguidores no le perdonaron y por eso vivió 15 años en Suiza, esperando que el tiempo borrase la memoria de los que habían sido sus clientes y sus fans.

Cuando regresó a París, en 1954 y con 71 años, el mundo de la moda era mucho más profesional que cuando se marchó, y se le habían multiplicado los competidores. A pesar de todo pudo vivir bien, económicamente, hasta 1971, cuando murió en su habitación del hotel Ritz a los 87 años, con la única compañía de una sirvienta. Vivió rodeada de todo lo que quiso, dominada por el recuerdo de una infancia triste. Y legó un estilo de moda, sencillo y elegante, que todavía tiene seguidores. Ah, y el Chanel núm. 5, un perfume que es famoso desde hace más de 80 años.

Christie, Agatha

Escritora (Reino Unido, 1890-1976)

A pesar de que hay personajes que se han hecho muy famosos e historias muy bien escritas surgidas de las novelas de misterio, la gran mayoría de las obras de este género no tienen muy buena fama literaria, pero son las que más se venden, quizás porque entretienen mucho. De la larga lista de autores que han escrito en alguna ocasión una historia de asesinatos, de robos, de misterios de difícil solución, la reina indiscutible es Agatha Christie, aunque solo sea por las cifras de su producción: casi 80 obras de misterio (con diferentes investigadores, pero dos de ellos muy famosos: Hercules Poirot y Miss Marple), más de 20 obras de teatro, 6 novelas románticas y unos cuantos libros más de relatos, además de

historias para la radio y la televisión. Por lo que se refiere a las ventas, solo la supera William Shakespeare, porque la señora Christie ha vendido I.000 millones de ejemplares en inglés y otros I.000 en las I03 lenguas a las que ha sido traducida. ¡Unas cifras impresionantes! Y podríamos añadir la cantidad de películas, series de televisión y obras de teatro que se han hecho basadas en obras suyas, como por ejemplo *La ratonera*, que tiene el récord de representaciones teatrales con más de 20.000, porque ha salido a escena cada día desde que se estrenó en el teatro Ambassadors de Londres, en I952.

Y como si fuese una broma, una editorial rechazó la primera novela que quiso publicar y en otra se la aceptaron, pero le hicieron cambiar el capítulo final, y para recibir esta respuesta tuvo que esperar... ¡2 años!

Durante la Primera Guerra Mundial trabajó de enfermera y por eso aprendió mucho sobre venenos. Su estilo es elegante, sobretodo los ambientes que describe, pero teniendo en cuenta que escribía unas obras en las que teóricamente el lector puede "descubrir" quien es el asesino, la verdad es que hacía muchas trampas añadiendo pistas y personajes en las últimas páginas. Eso sí, son muy distraídas, como las de tantos y tantos otros autores famosos de novelas policíacas, por ejemplo el también muy trabajador Georges Simenon (Bélgica, 1903-1989), que publicó unas 220 novelas (decían que casi escribía una al mes) y vendió más de 500 millones de ejemplares, la mayoría protagonizadas por el inspector Maigret. La lista de autores importantes es larga, os daremos algunos ejemplos más: Arthur Conan Doyle (padre de Sherlock Holmes), P.D. James, Raymond Chandler, Mary Higgins Clark, Jim Thompson, Manuel Vázquez Montalbán,

Andrea Camilleri, Donna Leon, Dashiel Hammett, Edgar Allan Poe...

Por lo que se refiere a su vida privada, cuando tenía 24 años Agatha Christie se casó con un aviador y tuvieron una hija y... poca felicidad. Cuando murió la madre de Agatha, el marido le pidió el divorcio para irse con su secretaria. La escritora lo pasó mal, incluso padeció ataques de nervios, pero después empezó a viajar mucho y conoció a un arqueólogo más joven que ella con quien se casó y fueron bastante felices. Además, de aquí nació un consejo que muestra su sentido del humor: "Cásate con un arqueólogo, porqué como más vieja te hagas, más interesante te encontrará".

Cleopatra

Última reina de Egipto (69 aC-30 aC)

Egipto es un país muy antiguo, con una historia llena de misterios y cambios políticos entre las distintas dinastías. Cleopatra pertenecía a la dinastía helénica (griega) de Ptolomeo. Ella fue el primer miembro de esta dinastía que aprendió a hablar en egipcio, aunque dicen que también hablaba griego, hebreo, sirio, arameo y latín... Tiene mucho mérito en una época en la que no había escuelas de idiomas, ¿verdad? También estudió música, le encantaba la literatura, sabía de ciencia política y matemáticas (conocimientos que necesitaba para el cargo), de astronomía e, incluso, de medicina. Y por si todo esto no fuese suficiente, dicen que era muy guapa, educada y agradable.

Pero no podía ser todo bonito. Un hermano suyo consiguió expulsarla de Egipto y ella luchó sin éxito para recuperar el trono desde Siria. No fue hasta la llegada de Julio César, el año 48 aC, que Cleopatra consiguió volver a ser la reina de Egipto. Entre las muchas pérdidas que hubo durante esos años de batallas, una de las principales fue la causada por un incendio que destruyó muchos edificios de Alejandría, especialmente su famoso Museo con la mítica biblioteca repleta de libros muy importantes que jamás conoceremos.

El caso es que Cleopatra se enamoró de Julio César y cuando él regresó a Roma, ella se fue con él e incluso tuvieron un hijo. Pero entonces, unos cuantos senadores se conjuraron para asesinar a Julio César y Cleopatra se vió obligada a volver a Egipto. Y apareció un nuevo personaje, Marco Antonio, un general y político romano amigo de Julio César que quiso perseguir a los culpables de la muerte de su amigo. Se formaron dos bandos y la discusión terminó en una guerra civil. Marco Antonio pidió a la reina de Egipto que le enviase barcos armados para ayudarlo, pero ella no se quería meter en una guerra civil entre romanos. Marco Antonio viajó hasta Egipto para pedirle explicaciones a Cleopatra, cara a cara... y lo que pasó es que se enamoraron. ¿Como en una película romántica, no os parece?

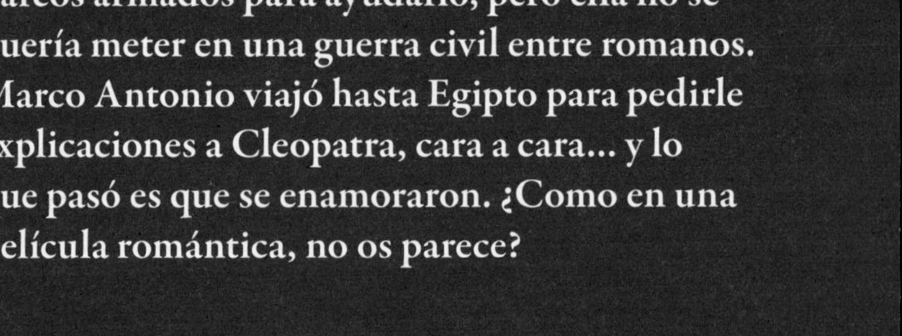

Pues ahora llega el final trágico. Vivieron felices un tiempo y tuvieron tres hijos, pero Marco Antonio tuvo que volver a Roma para cumplir con unas obligaciones que tenía, como por ejemplo... casarse con la hermana de Octavio, sobrino de Julio César. Las bodas de este tipo no tenían nada que ver con el amor, eran temas políticos. Unos años más tarde, Marco Antonio comandó una expedición por Oriente, y Cleopatra se reunió con él y tuvieron un hijo más. Octavio, enfadado, además de pedir la separación de Marco Antonio y su hermana, declaró la guerra contra él y Cleopatra. Cuando la pareja estaba a punto de perder la guerra ante Octavio, alguien le dijo a Marco Antonio que Cleopatra (que estaba en Egipto) había muerto, y él se clavó su espada. Cuando le dijeron a Cleopatra que Marco Antonio estaba muerto, y en ese caso era cierto, se dejó morder por una serpiente aspid, muy venenosa, que un campesino amigo le había escondido, a petición de ella, en un cesto de higos. Eso sí, a Cleopatra y a Marco Antonio los enterraron juntos. Algo es algo.

Curie, Marie

Científica (Polonia, 1867-1934)

Marie Sklodowska, de casada Marie Curie y nacida en Varsovia, aunque se nacionalizó francesa, es una de les científicas más importantes de la historia. Fue física y química, cosa muy difícil para una mujer en aquella época, y una pionera en la investigación de las radiaciones. Imaginaos si fue importante que la premiaron con el prestigioso Nobel en dos ocasiones, el 1903 como física y el 1911 como química, un hecho, este de recibir dos premios Nobel, que solo ha pasado tres veces más.

Hija de un matrimonio culto (el padre era matemático), pudo ir a estudiar a París porque una hermana suya ya vivía allí y gracias a los ahorros que acumuló dando clases antes de irse. Los primeros tiempos no fueron nada fáciles porque tenía poco dinero, pero estaba tan interesada en estudiar, estudiar y estudiar, que con muy poquito podía sobrevivir, pasando hambre y frío, eso sí.

Se licenció en física y en matemáticas como la primera de la promoción, es decir, la mejor de la clase. En 1893 fue la primera mujer profesora en la universidad de La Sorbona de París (en 1906 sería la primera catedrática) y conoció a Pierre Curie, con quien se casó poco después. Y Marie consiguió llevar la casa y criar la primera hija que tuvieron, Irène, sin dejar de lado sus investigaciones científicas, gracias a las cuales hizo el descubrimiento más importante de la ciencia moderna: el elemento llamado radio, que durante mucho tiempo fue el único tratamiento para el cáncer y que, cosa curiosa, fue el responsable de la muerte de Marie Curie, que estuvo 34 años expuesta a la radiaciones.

El matrimonio estudiaba las radiaciones que emitía el uranio y denominaron a este hecho "radioactividad". Las investigaciones los condujeron a descubrir un elemento 100 veces más potente que el uranio, y lo llamaron "polonio" en honor al país de Marie. Ella sabía que había un elemento todavía más potente que el "polonio", y este fue el "radio", el descubrimiento que le valió el segundo premio Nobel.

Tuvo una segunda hija, Ève. En 1906 su marido murió atropellado por un carro de caballos. El gobierno francés decidió darle una pensión a la viuda y las hijas de Pierre Curie, pero Marie la rechazó alegando que era joven y podía mantener a sus hijas sin ayudas. Y así vivió, siempre concentrada en la investigación, y a pesar de que recibió todo tipo de distinciones, para Marie solo importaba la ciencia.

Gracias a esta mujer tan inteligente, trabajadora, sacrificada y fuerte ante las complicaciones de llevar una vida "normal" en un mundo de hombres, millones de personas se han curado de sus enfermedades o han podido vivir algún tiempo más.

Dalmau, Custo

Diseñador (España, 1959)

Mi abuelo siempre decía que en la vida lo que se necesita es tener mucha suerte, pero que no vale sentarse a esperarla, que hay que ir a buscarla arriesgándose cuando convenga y, sobre todo, trabajando con ganas, con ilusión, y equilibrando la fuerza y el cerebro.

Un poco es el caso de Custo Dalmau, que nació en un pueblo de montaña del Pirineo leridano y ha conseguido ser un referente en el mundo de la moda. De pequeño ya quería diseñar. Se fue a vivir a Barcelona y estudió arquitectura, pero no le gustaba lo suficiente y un verano convenció a su hermano David para hacer un viaje en moto por los Estados Unidos. Allí se fijó en el estilo de vida de los surfistas de California, muy distinto al de otros norteamericanos.

Una vez en Barcelona, diseñó una serie de camisetas llamativas, llenas de colores y estampados que mezclaban animales y flores, dibujos del *manga* y del *pop art*, tejidos distintos... Después de unos años, volvieron a los EE.UU. con dos maletas llenas de camisetas y ofrecieron los diseños a unas cuantas tiendas que, en general, no les hicieron mucho caso porque la tendencia de aquel momento (a mediados de la década de 1990) era más sobria. Pero, y aquí entra en juego la suerte que premia el trabajo bien hecho, algunas tienda de Hollywood en las que compran las estrellas de cine sí que se quedaron con algunas camisetas. En un mundo tan visual como el nuestro, cuando se vieron por televisión aquellas camisetas llamativas en series famosas, o llevadas por presentadores de programas musicales y estrellas como Julia Roberts, Brad Pitt, Claudia Schiffer, Penélope Cruz y Natalie Portman, el éxito llegó definitivamente. Ahora la firma Custo Barcelona ha recibido premios internacionales de diseño de moda y, además de las camisetas, confeccionan muchas más piezas de ropa.

A mi abuelo dudo que le gustasen las camisetas de Custo, pero si le contase una historia que confirma tanto su teoría, me diría: "¿Lo ves?"

Darrow, Charles

Creador del juego Monopoly (Estados Unidos, 1889-1967)

Después del buen momento económico que se vivió durante la década de 1920, el octubre de 1929 comenzó una crisis, conocida como la Gran Depresión, que duró casi 10 años. Justo en aquel tiempo Charles Darrow, que se dedicaba a vender estufas aunque en ese momento estaba en paro, inventó el Monopoly, un juego de compraventa de terrenos en el que se construyen casas y hoteles, un juego inmobiliario. Ya existían algunos parecidos, pero el tablero tan atractivo y algunas normas básicas son idea de Darrow, que quiso vender la patente a los fabricantes de juguetes Parker Brothers, y estos lo rechazaron en un primer momento. A pesar de la negativa, Darrow construyó algunas unidades de manera artesanal y el juego empezó a venderse y se hizo muy popular. El 1935, los de Parker se decidieron a comprarle la patente a Darrow, que con 40 años de edad se retiró siendo multimillonario y se dedicó a viajar y a coleccionar orquídeas.

Dicen que, de sus características, es el juego más jugado de la historia: en 1999 se calculó que 500 millones de personas habían jugado al Monopoly. Se han vendido más de 160 millones de unidades en 80 países y en unos 26 idiomas diferentes. Y es que todavía resulta más atractivo cuando se personaliza el nombre de las propiedades según adonde va destinado, como las calles de muchas ciudades del mundo, temas como un mundial de fútbol, un film de éxito y personajes de dibujos animados, o versiones en formato de madera, de viaje o para jugar bajo el agua.

Entre las muchas anécdotas sobre el juego, una es que los pocos miles de ejemplares fabricados por Darrow que vendió en poco tiempo (antes de que los hermanos Parker comprasen la patente) ahora son buscados por los coleccionistas, que pueden pagar miles de euros por tener uno, aunque no tanto como los más de 16.000 euros que vale una versión de superlujo fabricada por Dunhill, con casas de plata y hoteles de oro. Cuando los Parker rechazaron el juego alegando que tenía “52 errores básicos de diseño”, uno de los errores era la duración demasiado larga de las partidas; ¿sabéis cual es el récord? ¡Pues 70 días seguidos! Suponemos que los que la jugaron debían parar de vez en cuando para dormir, comer y... lo que hiciera falta, cuando el cuerpo lo pedía.

Drew, Richard

Inventor del celofán y el Celo (Estados Unidos, 1899-1980)

Richard Drew dejó los estudios universitarios cuando tenía 22 años y se dedicó a tocar el banjo. Un tiempo después entró a trabajar en 3M, una empresa que en aquella época fabricaba papel de lija (ahora fabrican de todo, porqué son una gran industria química) y, en 1923, le aseguró a un pintor de coches que encontraría una solución para que, cuando arrancase los papeles protectores de las carrocerías no se llevase partes de la pintura. De esta manera, en 1925 nació la cinta adhesiva de papel. Pocos años después, Drew inventó un plástico impermeable para proteger todo tipo de cosas. Y el último invento que creó fue convertir en adhesivo aquel plástico impermeable y distribuirlo en rollos de distinto grosor. El 1930 bautizó el invento con el nombre de "scotch" (en muchos países se llama "scotch" a la cinta adhesiva transparente) porque los propietarios de 3M tenían fama de tacaños, como los escoceses ("scotch", en inglés). Es curioso que el inicio no fue sencillo: aquel primer año se vendieron rollos de Celo por valor de... 33 dólares, ¡una miseria!

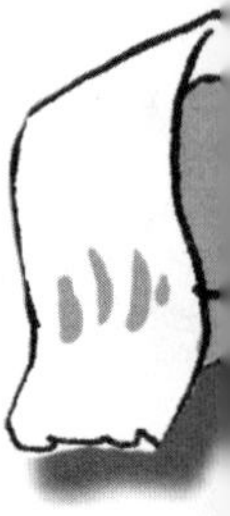

Edison, Thomas Alva

Inventor (Estados Unidos, 1847-1931)

Está considerado un gran inventor, aunque hay bastante gente que diría que fue un gran "patentador", porque muchas de las 1.093 patentes que registró a su nombre en realidad eran inventos de personas que trabajaban para él, con las que era muy exigente y, además, en algún caso les robó el éxito.

Cuando estudiaba, sacaba unas notas tan malas que no le dejaron continuar, no lo aceptaban en ninguna escuela, y lo educó su madre. Le gustaba mucho leer, eso sí, y empezó a hacer pequeños inventos basándose en las lecturas científicas de un libro: *Escuela de filosofía natural*, de Richard Green Parker. Entonces decidió que quería ser inventor, pero se prometió que todo lo que inventaría, además de nuevo, tenía que ser práctico y darle dinero.

Empezó a trabajar a los 14 años vendiendo periódicos y caramelos en los trenes, hasta que salvó la vida de un niño a punto de ser atropellado por un tren y el padre del chiquillo, en agradecimiento, le enseñó telegrafía, que era el sistema para comunicarse de manera rápida antes de que se inventase el teléfono. Por eso Edison trabajó de telegrafista durante la Guerra Civil Norteamericana (1861-1865).

El primer invento que patentó (que significa dejar escrito oficialmente que tú has inventado aquello), el 1868, fue un contador mecánico de votos para agilizar el recuento en las elecciones. Trabajó para la compañía de telégrafos Western Union hasta 1877, pero la dejó para montar (en 1880) su empresa, General Electric. Y empezó a ser un empresario reconocido gracias a uno de sus inventos más famosos, el fonógrafo, una especie de tocadiscos primitivo que fue el primer aparato que reproducía sonidos grabados previamente. Veinte años antes, el francés Édouard-Léon Scott de Martinville había patentado el primer aparato que podía grabar sonido... pero no lo reproducía. Un caso similar pasó con otro de los inventos famosos de Edison, la bombilla, que fue el perfeccionamiento de un invento de otras personas. Y también con la película de celuloide, que no pudo patentar porqué ya lo había hecho George Eastman, pero sí que fueron invento suyo las perforaciones laterales de la película para facilitar el buen funcionamiento de las cámaras. También entró en una batalla de patentes con los hermanos Lumière, para ver a quién correspondía la invención del cinematógrafo...

Consiguió progresos sin discusión, por supuesto, como el estudio de la válvula de la radio, y en temas relacionados con los filamentos eléctricos y los fundamentos de la electrónica. Por eso se le conoce especialmente como inventor de la bombilla.

Y así vivió 84 años, inventando de todo, o mejorando inventos de otros o robándoles el mérito, directamente. Y ganando dinero. Uno de los homenajes más emotivos cuando murió fue que en muchas ciudades norteamericanas se apagaron todas las bombillas eléctricas durante un minuto. Eso demuestra que fue admirado por muchos ciudadanos que valoraban que jamás se desanimase y que hiciese ganar mucho dinero a su país gracias a sus genialidades.

Einstein, Albert

Científico (Alemania, 1879-1955)

"Hay dos cosas infinitas: el Universo y la estupidez humana; y del primer caso no estoy seguro...", ironizó el físico y matemático Albert Einstein. Esta especie de broma demuestra el talante de un científico conocido, especialmente, por sus estudios sobre la llamada Teoría de la relatividad. Además, siempre fue un hombre muy preocupado por las necesidades sociales y un defensor de la paz por encima de todo (recibió el premio Nobel de física el 1921, pero podría haber recibido el de la Paz, perfectamente). Como a veces sucede, un maestro suyo metió la pata cuando le dijo al padre del pequeño Albert: "Este niño jamás hará nada de provecho". Bueno, todos nos podemos equivocar, como el primer profesor que tuvo la cantante de ópera Monserrat Caballé, que aseguró: "Señorita, es mejor que se dedique a ser ama de casa, porqué en el mundo del *bel canto* no tiene futuro", y a pesar de ésta predicción, ha sido una de las mejores cantantes de la historia.

Albert Einstein nació en Ulm, una ciudad alemana que posee una catedral con la torre más alta del mundo (en un edificio religioso): mide 161,53 metros y se puede ascender casi hasta lo más alto gracias a una escalera de

768 escalones. Los Einstein se trasladaron a Munich cuando Albert no tenía ni un año. Fue el primero de los muchísimos viajes que el científico realizó a lo largo de su vida. Quizá intuyendo que iría tanto de aquí para allá, cuando su padre le regaló una brújula el día que cumplió los 5 años (1884) Albert quedó muy impresionado con aquel aparatito.

Cuando tenía 10 años se empezó a interesar por la física, la matemática y la filosofía. Durante los años de estudiante, y con su familia o solo, vivió en Italia, Suiza y Checoslovaquia, antes de regresar a Alemania. Finalizó los estudios, empezó a escribir artículos científicos (el primero, a los 16 años), conoció a Milena Maric (con quien se casó y tuvo dos hijos) y a Michele A. Besso, un ingeniero suizo de quien fue amigo toda la vida. Le costó, pero consiguió un empleo en una oficina de patentes (donde se inscribe el nombre de las personas que han hecho algún invento) de Berna.

Poco a poco consiguió centrarse en sus investigaciones y accedió a una plaza de profesor universitario. Continuaba viajando. Pero estallaron la Primera Guerra Mundial y la Segunda, muy seguidas, y Albert, que en 1896 ya había renunciado a ser alemán y ahora era suizo, empezó a ser criticado por los científicos alemanes, pero no por su pensamiento (aunque querían que pareciese eso), sino por sus ideales políticos y porque era judío. En 1912 se reencontró con Elsa Löwenthal, una prima que siempre le había mostrado todo tipo de apoyo, sobre todo a partir de que se casaron (tras el divorcio de Albert y Milena) en 1919. Y empezó otra temporada de viajes que lo llevaron a los Estados Unidos, Japón, China, Palestina, España...

A pesar de que siempre se declaró pacifista (apoyó a Gandhi, un pacifista histórico), como sus estudios tienen que ver con la energía atómica, en 1939 firmó una carta, junto a muchos otros, en la que se pedía al gobierno de los EE.UU. que investigase el uso de esa energía para producir bombas. Tan solo pretendían dar miedo y detener Alemania y Japón en la Segunda Guerra Mundial, sin lanzar las bombas. Pero por desgracia alguien las utilizó contra las ciudades japonesas de Hiroshima y Nagasaki... Por eso, en 1955, poco antes de morir de un problema de circulación de la sangre, Einstein firmó un manifiesto en el que pedía que todas las naciones renunciasen a las armas nucleares (las que se construyen con energía atómica). Él defendía que con un único gobierno mundial se podría garantizar la paz. No contaba, entre muchos otros impedimentos, con el poder económico de los fabricantes de armas...

Viajó mucho, tuvo muchos problemas y estudió y trabajó mucho en sus teorías, pero casi nunca perdió el buen humor y la simpatía, hasta el punto que entre 1928 y 1955 se dedicó a responder personalmente todas las cartas que niños de todo el mundo le enviaban pidiéndole aclaraciones sobre teorías científicas, invitándolo a viajar a Venus o aconsejándole que se cortase el pelo para estar más guapo.

Los que lo conocieron aseguran que siempre destacó por su humildad, por el brillo de sus ojos y por las carcajadas espontáneas que soltaba a menudo.

FITZGERALD, ELLA

Cantante (Estados Unidos, 1917-1996)

El jazz es, probablemente, uno de los estilos musicales en los que hay más intérpretes (tanto si cantan como si tocan un instrumento) con una historia triste tras de sí, normalmente relacionada con la pobreza, la marginalidad, las drogas y los problemas de pareja. De la época dorada del jazz, sobresalen tres cantantes: Ella Fitzgerald, Billie Holiday y Sarah Vaughan.

Ella Fitzgerald era hija de una lavandera (y de un conductor de tren que las abandonó muy pronto) y pasó toda su infancia rodeada de miseria. No solía ir a la escuela e incluso tuvo problemas con la policía y fue internada en un reformatorio. Su madre murió atropellada y ella se marchó a vivir a Nueva York, con un tío. De pequeña ya le gustaba cantar y bailar y a los 16 años debutó en un concurso de cantantes: ¡y lo ganó! Ahí empezó una larga carrera, durante la cual compartió escenario con todos los grandes músicos de la época e interpretó las canciones de los mejores compositores: Duke Ellington, Cole Porter, Johnny Mercer, George Gershwin... Se la consideró una de las mejores cantantes de jazz, y de muchos otros estilos (blues, samba, gospel, pop...), motivo por el cual ganó 13 premios Grammy, entre otros galardones. Su voz podía cantar en tres octavas musicales, que es mucho, y vocalizaba e improvisaba muy bien, y solo le

reprochaban una cosa, que en las canciones más dramáticas no se ponía lo bastante en el papel. Ya había sufrido bastante, ¿no os parece? Cuando murió estaba ciega y se movía en una silla de ruedas por culpa de la diabetes que padecía.

Pasemos a la segunda de las tres grandes damas del jazz: Billie Holiday (Estados Unidos, 1915-1959), que empezó su vida de una manera todavía más triste que Ella Fitzgerald, porque también nació en una familia muy pobre, pero además sus padres eran demasiado jóvenes (la madre tenía 13 años y el padre, que también las abandonó, 15) y enseguida fue a parar a la casa de unos parientes muy desagradables. En cuanto tuvo una oportunidad también se trasladó a Nueva York. Después de algunas experiencias muy desafortunadas, en 1933, cuando contaba 18 años, un productor la oyó cantar con aquella voz que emocionaba a todo el mundo, porqué Billie interpretaba con mucha calidez, a diferencia de Ella (en cambio, su voz era más limitada y solo cubría una octava musical). El productor escribió un artículo elogioso y la presentó a Benny Goodman, un músico importante de esa época. De este modo empezó a cantar con regularidad en los clubs de Nueva York y se convirtió en una leyenda. Pero siempre tuvo relaciones conflictivas con los hombres, consumió drogas, fue condenada por tenencia de drogas, la estafaron con los contratos y con lo que le pagaban por cantar y murió de un problema de hígado provocado por las drogas, sin dinero y vigilada por la policía.

La tercera diva del jazz es Sarah Vaughan (Estados Unidos, 1924-1990), que tuvo un inicio muy similar al de Ella y Billie, aunque con una vida menos triste. Sus padres eran aficionados a la música (el padre tocaba la guitarra y hacía de carpintero, y la madre era pianista, organista y lavandera). Sarah empezó a cantar en la iglesia y después ganó el mismo premio que Ella, aunque diez años más tarde, y fue la misma Ella Fitzgerald quien le presentó al pianista y director de orquesta Earl Hines. Y su carrera se puso en marcha.

Tenía una voz oscura pero, como los cantantes de ópera, podía pasar de los graves a los agudos con mucha facilidad. Tenía un buen control del *vibrato*, era muy original con las armonías e improvisaba de una manera increíble. Trabajó con los mejores músicos de la época, pero sus matrimonios fueron desgraciados, no pudo tener hijos (aunque adoptó un niña a la que quería muchísimo) y mantenía unos malos hábitos que acabaron con su salud, como beber alcohol, consumir drogas y fumar constantemente. Murió de un cáncer de pulmón.

FRY, ARTHUR

Inventor (Estados Unidos, 1941)

A finales de los años 1970 Art Fry cantaba en la coral de su parroquia. Tenía algunas páginas del libro de cánticos marcadas con papelitos, pero se le caían cuando pasaba las hojas. Entonces le llegó la inspiración y vio claro que podía unir una cola que casi no pegaba (un producto nacido de un "error" en las investigaciones de su amigo Spencer Silver, que, como Fry, trabajaba para la empresa 3M) con los papelitos. El hecho de trabajar en una gran empresa que podía dedicar dinero a la investigación le permitió hacer pruebas hasta que 18 meses después se pusieron en venta los primeros blocs de lo que se conoce como *post-it*, aquellos papelitos, normalmente amarillos, que sirven para pegar notas en cualquier lugar y despegarlas fácilmente; los habéis visto, ¿verdad? Nadie confiaba demasiado y parecía que sería una inversión malgastada... Hoy día existen 250 productos distintos derivados de aquellos papelitos adhesivos.

Ahora ya hace años que Art Fry se jubiló y admite sentirse feliz porque ha dejado un buen invento de recuerdo. Y es que no todo pueden ser grandes obras de arte y descubrimientos que salvan vidas, hay inventos sencillitos que se merecen un rincón en el libro de la posteridad, ¿no os parece?

Gasol, Pau

Jugador de básquet (España, 1980)

El mundo del cine y el de la música son fábricas de ídolos. Y el del deporte no queda atrás. Lo que pasa es que los años en activo de los deportistas suelen ser pocos y por eso los nombres se renuevan a menudo. Los hay, no obstante, que han quedado en la memoria, y algunos de los actuales seguro que también serán recordados. ¿Buscamos ejemplos? Rafa Nadal, sin duda el mejor tenista español de la historia y uno de los mejores del mundo (por cierto, que el tenis es uno de los pocos deportes en el que las mujeres han destacado: Martina Navratilova, Steffi Graf, Arantxa Sánchez Vicario...); o Valentino Rossi, un motociclista genial y simpático, con el permiso de históricos como Ángel Nieto, Mike Doohan, o actuales, como Dani Pedrosa y Jorge Lorenzo; o el glamuroso mundo de la Fórmula 1, con Fernando Alonso, que le ganó un título al mejor piloto de la historia, Michael Schumacher. También podemos añadir nombres del ajedrez, ¿por qué no? Tendríamos

Gary Kasparov, Bobby Fisher y el sorprendente Arturo Pomar. Y el mundo de la natación también cuenta, con Mark Spitz y las siete medallas de oro que consiguió en las Olimpiadas de Munich de 1972, que 36 años después fue superado por un verdadero pez gordo como Michael Phelps (con 8 medallas de oro en los juegos de Pequín 2008), sin olvidar a Alexandr Popov y Ian Thorpe. ¿Y qué

me decís del atletismo? Jesse Owens, Carl Lewis, la gran Babe Zaharias, el mítico saltador de pértiga Sergei Bubka y su discípula Ielena Isinbaieva, también especialista, como él, en superar un récord tras otro. Y entre tantos y tantos deportes que no han dejado de generar ídolos, falta el fútbol, con nombres clásicos como Pelé, Maradona, Di Stéfano, Kubala, Cruyff y los de jugadores actuales, que cambian a menudo de equipo y, por ese motivo, nos gustan ahora sí, ahora no, ahora mucho, ahora no demasiado, ¿verdad? Pero si tenemos que escoger uno, que no tiene porque ser el mejor ni el más querido, pero sí que nos sirve de modelo, escogemos a Pau Gasol, quizás porqué ni él mismo se podía imaginar que llegaría a triunfar como lo está haciendo en la mejor liga de baloncesto del mundo, la NBA de los Estados Unidos, cuando empezó a jugar en su escuela de Sant Boi de Llobregat. Claro que entonces todavía no era el gigante que es ahora, con una altura de 215 centímetros y 229 de envergadura (que es la distancia que hay entre las puntas de los dedos de las manos con los brazos abiertos). A pesar de estas dimensiones, Pau es rápido y ágil, cosa que, añadida al instinto de juego y al trabajo hecho en los entrenamientos, lo han convertido en uno de los mejores jugadores del mundo.

El primer título que consiguió fue el campeonato de España júnior, cuando jugaba con el F.C. Barcelona, en la temporada 1997-1998. Justo diez años después, la temporada 2007-2008, jugó la final de la NBA con los Lakers de los Angeles. La perdieron, pero la carrera de Pau todavía puede ser larga, no tanto como él, pero casi. Y con la selección española ha hecho historia ganando títulos como la medalla de oro el año 2006 en Japón, en el Campeonato del Mundo, que esta selección no había ganado jamás; aunque no pudo jugar la final por lesión, en los partidos de clasificación sí que demostró su categoría junto a otros grandes jugadores como Joan Carles Navarro, Raül López, José Manuel Calderón, Jorge Garbajosa, Felipe Reyes... Estos jugadores y otros más jóvenes como Marc Gasol (hermano de Pau), Ricky Rubio y Rudy Fernández, ganaron la medalla de plata en los Juegos Olímpicos de Pequín 2008 ante la selección de los Estados Unidos, los reyes de este deporte.

GATES, BILL

Empresario (Estados Unidos, 1955)

Es una de las personas más ricas del mundo, y eso que nunca ha entrado en el negocio del petróleo... ¿Cómo consiguió una fortuna tan inmensa? Pues fundando una marca de ordenadores, Microsoft, junto a Paul Allen. En 2007, se calculaba que Gates tenía una fortuna de ¡44.800 millones de euros! Buf, me mareo tan solo de intentar imaginármelo.

Sus padres no eran pobres, porque a veces la historia también permite que la gente que vive bien pueda vivir todavía mejor, eso si consideramos que el dinero hace la felicidad, cosa que no todo el mundo piensa. El caso es que su padre era abogado y su madre directiva de un banco. El pequeño Bill, a los 13 años, empezó a programar ordenadores, que en aquella época eran unos aparatos muy rudimentarios. Con Allen y un tercer compañero de universidad, Steve Ballmer, desarrollaron el primer PC (ordenador personal, para uso doméstico o profesional) que se pudo comercializar con éxito. Con tan solo 21 años, el 1976, fundó la compañía Microsoft, que hoy es un gigante empresarial.

Gates se hizo ya brutalmente rico el 1986, cuando la empresa empezó a cotizar en bolsa, donde creció y creció. Como el número de trabajadores: en 1986 tenía 1.200 y en 1996... ¡más de 20.000!

Aunque en alguna ocasión ha sido acusado de monopolio (que no significa jugar al juego de mesa de las casas y los hoteles, sino conseguir vender más a través de comprar empresas de la competencia o eliminarlas como sea), el caso es que más del 90% de los ordenadores del mundo tienen alguna versión del programa Windows de Microsoft.

Casado con Melinda French, con quien ha tenido tres hijos, Bill Gates, como muchas personas famosas y, además, ricas, siempre ha recibido críticas de todo tipo, pero también se le ha de agradecer que la Fundación Bill y Melinda Gates ayude un poco a reducir el hambre del mundo. De hecho, en junio de 2008 se retiró del trabajo en Microsoft (que ahora dirige su amigo Ballmer en solitario) para dedicar el 70% de su tiempo a ésta fundación benéfica. Entre las muchas curiosidades que se pueden explicar sobre él, sobresale que en 1994 adquirió el Códice Leicester, una colección de escritos de Leonardo Da Vinci, por casi 16 millones de euros. Quizás incluía una receta de alquimia para transformar el plomo en oro...

Gutenberg, Johannes

Inventor de la imprenta tipográfica (Alemania, 1398-1468)

Sin el invento de este hombre no podríais estar leyendo este libro, ni ningún otro, así de claro. Vivía en la Maguncia, una región de Alemania de la orilla del Rin que desde el tiempo de los romanos era una zona vinícola. El método de grabar el negativo de un texto (es decir, el texto escrito al revés para que cuando se imprima quede del derecho) en un molde de madera o barro ya se hacía servir en la China desde poco antes del año 1000, pero Johannes inventó los tipos móviles hechos con plomo: ideó que las letras estuviesen separadas y que así se pudieran combinar según conviniese, lo que se denomina tipografía.

Después se dio cuenta de que podía utilizar el sistema de las prensas de vino (cerca de su casa tenía muchos ejemplos) para añadirles planchas metálicas grabadas que, mojadas con tinta, imprimirían el texto en los papeles que se prensasen. Finalmente, aprovechando sus conocimientos de joyería, pudo construir unos tipos de letra artísticos. No contento con todo eso, empezó a investigar texturas de papel y calidades de tinta para mejorar los resultados de su invento. Johannes siempre tuvo problemas económicos, y graves, por eso tuvo que asociarse a distintos comerciantes que al final le dieron la espalda y lo denunciaron por incumplimiento de contrato. El caso es que consiguió financiación para el proyecto y se puso a trabajar. Parece ser que el primer libro que se imprimió entero fue la *Biblia*, hacia el año 1452 (hay historiadores que aseguran que primero hizo pruebas con el *Misal de Constanza*, que sería el primer libro tipográfico de la historia, aunque lleno de errores, y que podría haber sido impreso poco antes, en 1450). Gutenberg tardó 5 años en terminar la primera Biblia, claro que es un libro de 1.282 páginas. Dicen que de la llamada *Biblia Gutenberg* se pudieron imprimir y encuadernar unos 120 ejemplares en papel y 20 en pergamino, de los cuales se conservan 46, y no están todos completos. La imprenta, el hecho de poder editar libros sin la necesidad de copiarlos a mano, como se había hecho durante siglos, impulsó el Renacimiento cultural en Europa, una época histórica muy importante para el progreso de la humanidad.

Hillary, Edmund

Montañero (Nueva Zelanda, 1919-2008)

El hombre siempre ha tenido una tendencia a la aventura, a la exploración de la Tierra. Hoy todavía quedan rincones en el planeta que no han sido visitados por el hombre, pero son pocos, o bajo el agua. Uno de los aventureros históricos fue Sir Edmund Hillary, el primer occidental que ascendió a la cima del mundo, al monte Everest (8.844 metros), el 29 de mayo de 1953, acompañado del guía Tenzing Norgay.

Cuando tenía 16 años se le despertó una vocación de escalador. A lo largo de la vida participó en muchas expediciones, se encaramó a lo más alto de muchas montañas y fracasó en la ascensión de algunas cimas (el mérito de subir una montaña es regresar vivo para contarlo, claro, y Hillary siempre regresó), pero también viajó al Polo Sur, a la Antártida, en 1958.

A partir de los años 1970 puso en marcha un proyecto de ayuda a los habitantes de la zona del Himalaya, en el Nepal, y con dinero del gobierno de Nueva Zelanda construyó escuelas y hospitales.

Otro de los aventureros famosos fue Roald Amundsen (Noruega, 1872-1928), el primero en llegar al Polo Sur, el 14 de diciembre de 1911. Hay muchos motivos que pueden impulsar a una persona a emprender un viaje largo e incluso peligroso, pero uno de los que tenía Roald Amundsen eran las deudas... En 1903, huyendo de los acreedores, a los que debía dinero, navegó en secreto por una zona polar y descubrió casualmente el llamado Paso del Noroeste.

Un tiempo después quería llegar al Polo Norte, donde todavía no había estado nadie, pero supo que el norteamericano Robert Peary (otro gran explorador) se le había avanzado. Sin pensárselo dos veces decidió ser el primero en llegar al Polo Sur. En 1910 viajó a la Antártida (des de Noruega, que casi significa atravesar el planeta de arriba abajo) e instaló un campamento base en una zona 96 kilómetros más al sur que el del británico Robert Falcon Scott, contra el que competía por llegar primero al Polo Sur. Y Amundsen ganó, gracias a su buena forma física y a que sabía ir muy rápido esquiando y con trineos de perros.

Además de ser un navegante experto, también hizo vuelos de aventura y en 1926, después de algunos intentos, sobrevoló el Polo Norte en un dirigible, acompañado del aviador italiano Umberto Nobile. Precisamente, Amundsen desapareció en 1928 volando en un hidroavión sobre el océano Ártico mientras buscaba a su amigo Nobile, que había desaparecido en un vuelo anterior.

KAHLO, FRIDA

Pintora (México, 1907-1954)

Aunque nació en 1907, ella decía que había nacido en 1910, al inicio de la Revolución Mexicana (1910-1920), porqué era una manera más de demostrar su carácter fuerte, que la llevó a ser una feminista (y comunista) que luchaba contra las normas sociales y morales establecidas. Reivindicó la tradición indígena ante el imperialismo norteamericano y siempre se mostró independiente y rebelde. Sufrió mucho por culpa de una enfermedad, la poliomielitis (que le dejó la pierna derecha mucho más delgada que la izquierda), y de un atropello de tranvía, cuando tenía 18 años, que, a pesar de sobrevivirlo, le provocó lesiones en la columna vertebral y en otras partes del cuerpo a causa de las cuales tuvo que pasar 32 veces por el quirófano. Entre una cosa y otra, estuvo mucho tiempo en cama, donde empezó a pintar.

Sus cuadros, en muchos casos autorretratos, estaban cargados de fuerza, de colores y de fantasía y símbolos mexicanos. Era hija de un fotógrafo de origen alemán y

de una mexicana de orígenes indígena y español. Se casó con otro pintor, Diego Rivera, y mantuvieron una relación complicada. En 1939, cuando tenía 32 años, expuso en París y allí conoció al famoso pintor Picasso. En aquellos años, Frida Kahlo ya era conocida en todo el mundo.

En 1953 se organizó la primera gran exposición en México DF de la obra de Kahlo, pero ella estaba muy enferma, en la cama de un hospital. El día de la inauguración se oyeron unas sirenas y Frida llegó en una ambulancia y, desde la misma cama, atendió a muchísimos invitados, explicó chistes, cantó y brindó con ellos. Era así de maja y fuerte y por eso, años atrás, después del accidente del tranvía, había conseguido volver a caminar cuando nadie se lo esperaba. Pero poco después de esta inauguración sonada se le gangrenó una pierna y se la tuvieron que cortar. La amputación, añadida al hecho de no poder tener hijos la entristeció mucho. Al final de la vida ya no pintaba, solo escribía poemas llenos de dolor. La creación artística no siempre está relacionada con el sufrimiento, pero a veces sí. ¿Qué le vamos a hacer?

Kelly, Grace

Actriz y princesa (Estados Unidos, 1929-1982)

Grace Kelly nació en una rica familia irlandesa emigrada a Filadelfia, en los Estados Unidos. Ya de pequeña quería ser actriz, pero a sus padres, que eran muy estrictos, no les gustaba la idea. Hizo anuncios y, un tiempo después, teatro, hasta que consiguió su sueño: ser una estrella de Hollywood. Parte del éxito le llegó gracias a su físico (era muy alta para la época) y a su belleza y elegancia, pero no era una mala actriz: ganó un Oscar y fue candidata a otro. El impulso más importante le llegó de la mano del mítico director Alfred Hitchcock, que siempre la alabó mucho. Además, trabajó con algunos de los actores más importantes de la época: Clark Gable, Ava Gardner, James Stewart, Cary Grant, Gary Cooper, Bing Crosby, Alec Guinness...

Grace tuvo muchos novios, pero su familia no aceptaba que se casase con ninguno. Hasta que conoció al príncipe Rainiero de Mónaco, que sí que dio el pego a los padres de la muchacha. Cuando ella aceptó casarse con aquel príncipe de un pequeño principado aburrido y sin glamur, era consciente que aquello significaba dejar el cine. Muy a su pesar, lo aceptó por no disgustar a sus padres.

Ella no sabía francés y no podía expresar los sentimientos más íntimos con naturalidad a su marido. Él, que sí que sabía inglés porqué había estudiado en Londres, tampoco expresaba sus sentimientos a causa de la educación que había recibido. Total, que no se entendían demasiado. Y fueron llegando los tres hijos de la pareja (Carolina, Alberto y Estefanía), pero Grace se

sentía como encerrada, voluntariamente, en una jaula de oro. Para Rainiero, ella era la mujer ideal para mejorar la imagen de Mónaco, y poco más.

Durante años, Grace Kelly se dedicó a ganarse el cariño de sus súbditos mejorando la calidad de la asistencia social y hospitalaria. Su presencia hizo triplicar la llegada de turistas, también atraídos por otros actores de Hollywood amigos de ella, cosa que hizo crecer mucho la economía del principado. Todo iba bien, pero ella no era feliz, añoraba el cine.

En 1962 consiguió que su marido la autorizase a rodar una película con Hitchcock. Pero entonces fue el pueblo, que tanto le había costado ganarse, el que censuró que la princesa volviese al mundo del cine. Y ella renunció por segunda vez. En ocasiones bebía demasiado para intentar superar la tristeza... Y murió a los 52 años, en un accidente de coche.

Grace Kelly en Mónaco, Diana de Gales en Inglaterra y Masako en el Japón son tres ejemplos de chicas que, a diferencia de lo que pasa en los cuentos, no han conseguido la felicidad por el hecho de haberse casado con príncipes.

MADONNA

Cantante (Estados Unidos, 1958)

Dicen que, un poco, a Madonna le pasó como a otro mito (más importante, incluso) del mundo de los artistas, la actriz y *sex symbol* Marilyn Monroe, que no consiguió triunfar hasta que se tiñó el pelo de rubio platino.

Los primeros años de Veronica Louise Ciccone, conocida como Madonna (el de Marilyn también era un nombre artístico ya que en realidad se llamaba Norma Jeane Mortenson), fueron complicados, porque su madre murió cuando ella tenía 6 años y su padre se volvió a casar con una mujer que Madonna nunca aceptó, hasta el punto de que cuando tenía 16 años se marchó de casa (Michigan) y se fue sola y con tan solo 36 dólares en el bolsillo hasta Nueva York: quería ser cantante.

Allí vivió una época muy difícil, sin dinero, pasando hambre y bailando en clubs nocturnos para ganar algún dólar. Había estudiado algo de piano y de ballet, y eso le sirvió para sobrevivir, ya que consiguió entrar de bailarina en una compañía de danza. A base de insistir, y después de algunas pruebas, publicó su primer disco en 1983, cuando

tenía 25 años. Un año después le llegaría el éxito con su nuevo disco, *Like a Virgin*. Desde entonces ha ido sacando discos con bastante éxito, ha intervenido en más de 20 películas, ha hecho giras por todo el mundo, ha organizado escándalos cuando le ha interesado recuperar popularidad e, incluso, ha publicado cuentos infantiles.

Uno de sus secretos para mantenerse tantos años en lo más alto ha sido su inteligencia, saber administrar los esfuerzos y los negocios (es muy buena negociando, dicen), cuidarse físicamente en lugar de consumir drogas y adaptarse a los nuevos tiempos. Tal y como también ha hecho siempre un gran músico inglés, David Bowie (por cierto, él no se tiñó de rubio, porque ya lo era, pero se cambió algo el nombre, porqué en realidad se llama David Robert Jones), Madonna ha sabido ver qué quería el público en cada momento y ha variado su aspecto según convenía, aunque en muchos casos ha sido ella quien ha marcado la moda a seguir.

Es una muestra más del "hacerse a uno mismo" que tanto les gusta a los norteamericanos. Como anécdota, os diremos que incluso figura en el libro Guinness de los récords del año 2000, como la cantante con más éxito comercial de la historia por haber vendido 350 millones de discos. Por algo la llaman la Reina del Pop.

Marley, Bob

Músico (Jamaica, 1945-1981)

Hijo de un inglés (un capitán del ejército británico que se desentendió de su hijo) y de una jamaicana, Bob Marley es el músico más conocido y valorado del estilo denominado reggae, que es la fusión de la música popular de Jamaica y del rythm & blues norteamericano, que tiene su origen en los cánticos de los esclavos que traían de África.

En la década de 1950, Bob se trasladó con su madre a la capital, Kingston, y como tantos otros campesinos que querían mejorar su situación económica, fueron a parar a los barrios más pobres. Una de las cosas que más les ayudaron fue la religión rastafari, una mezcla de profecías bíblicas, filosofía naturalista y nacionalismo de la

raza negra que se inició en Etiopía. En la escuela, Bob ya se hizo amigo de Bunny Wailer y Peter Tosh, y los tres formaron The Wailers. Grabaron el primer *single* (un disco pequeño con solo un par de canciones) en 1962, y en 1975 Bob era una estrella en todo el mundo. Entre estos años quedaba un camino difícil en el que les costó publicar el primer disco de larga duración y triunfar, porque el estilo y, sobretodo las letras de protesta, no eran como los que en esa época sonaban en Europa y los Estados Unidos.

En parte gracias a su música, que hasta ese momento había estado "cerrada" en la isla de Jamaica y que él ofreció al mundo, pero también gracias a los movimientos de liberación social y pacifistas que defendió, Bob Marley se convirtió en uno de los mitos musicales del siglo XX sin proponérselo. Cuando murió solo tenía 36 años, a causa de un cáncer que empezó en el dedo gordo de uno de sus pies, y que él no quiso tratar hasta que ya era demasiado tarde. Lástima.

Meliès, Georges

Director de cine (Francia, 1861-1938)

Hijo de una familia de zapateros de París, Georges Meliès ya tenía buena mano dibujando desde muy pequeño. Empezó a hacer de actor de teatro y a dirigir algunas obras. En un viaje a Inglaterra, como no comprendía lo bastante el idioma, en lugar de ir a ver teatro convencional descubrió una sala donde se hacían trucos de magia. Meliès conoció el cinematógrafo de los hermanos Lumière en 1895, un invento que revolucionaría el mundo, y se lo quiso comprar. Ellos se negaron y el joven Meliès, que era hábil con la mecánica y siempre fue muy trabajador, se construyó su cámara de cine y empezó a rodar películas. Fue el primer director que se dio cuenta de que el cine era un espectáculo y no solamente una novedad científica. Construyó el primer estudio de filmación de la historia y fue el primero en idear películas (rodó unas 500) de una manera coherente: con escenarios, decorados, actores, vestuario y guión. De inmediato empezó a aplicar una serie de técnicas relacionadas con el uso de la cámara (encuadres, movimiento, iluminación, trucos...). Fijaos si han pasado años, y los que saben consideran que nadie ha utilizado los trucos del cine (que se había inventado él solo, inspirado en los magos), como por ejemplo la superposición, la substitución o detener en seco la acción, de una manera tan sencilla y que ofrezca los mejores resultados. Tenía mucho talento gráfico, tal como se ve en películas como *Viaje a la Luna*, la más famosa, llena de imaginación y de recursos bien aprovechados.

En 1913, a causa de la Primera Guerra Mundial y al hecho de que Edison, en los Estados Unidos, y Pathé, en Francia, eran una competencia demasiado fuerte, dejó el cine y durante unos 10 años hizo teatro en lo que había sido su estudio de cine. Al final tenía demasiadas deudas y se lo tuvo que vender todo. En 1925 se encontró con Jeanne d'Alcy, que había trabajado de actriz con él. Ella tenía un kiosco de juguetes y golosinas en la estación de Montparnasse, en París. Se casaron y entre los dos regentaban el kiosco: eran humildes, pero bastante felices.

Poco antes de que muriera, unos cuantos intelectuales se dieron cuenta de que Meliès había sido el primer artista creador de cine consciente de lo que tenía entre manos, de lo que se podía conseguir con una cámara y mucha imaginación, y lo reivindicaron (el gobierno le concedió la Legión de Honor, la máxima condecoración en Francia) y restauraron sus películas olvidadas en el fondo de un baúl. Su éxito no fue acompañado de dinero (al contrario), pero le permitió que en el futuro se le recordase como el "padre" del cine de ficción gracias a su fantasía, creatividad y dotes artísticas.

Mestral, Georges de

Inventor del velcro (Suiza, 1907-1990)

Muchos de los inventos que el hombre ha desarrollado han estado inspirados en la naturaleza. El ingeniero suizo Georges de Mestral inventó un avión de madera de juguete con tan solo 12 años. Como le gustaba pasear por el campo y por el bosque, un día se fijó que las semillas de una planta se le pegaban en la ropa, y en el pelo de su perro, cosa que a

todos nos ha pasado alguna vez. Pero él quiso saber porque pasaba. Recogió unas cuantas semillas y observó en un microscopio como eran: estaban llenas de ganchos muy pequeños. Tras 8 años de investigación, en 1941 consiguió fabricar una cinta de nylon cubierta por miles de ganchos minúsculos que se unían y desunían con facilidad a otra cinta igual, pero llena de corchetes, de hilos rizados donde los ganchos quedaban sujetos. Ya tenía el invento listo y le puso de nombre *velcro*, que sale de las palabras inglesas *velours and crochet hook*, que significa "terciopelo y aguja de hacer calceta".

Este sistema para ajustar, por ejemplo, un calzado con facilidad y rapidez, se utiliza en muchísimos objetos y de muchas maneras. Ya os podéis imaginar que De Mestral creó una empresa que vendía el invento y se hizo muy rico, pero de eso ya habéis leído unos cuantos ejemplos y casi no resulta sorprendente, al menos no tanto como el hecho de que ir por el mundo con los ojos bien abiertos y la creatividad preparada puede conducirnos hasta unos inventos magníficos.

Miró, Joan

Artista plástico (España, 1893-1983)

Muchas veces, las obras de algunos artistas han sido ninguneadas con frases como "si eso lo pintaría un niño". En el caso de Miró, decir eso sería casi un elogio, porque él dedicó toda la vida a aprender a pintar como un niño, con la naturalidad, la espontaneidad, la libertad y la falta de influencias de un niño. Volver a pintar como un chaval es un ejercicio consciente de recuperación de valores infantiles y de liberación de los convencionalismos académicos. Por eso el trazo negro y grueso de las obras de Miró cada vez era más simple. El trazo característico y los colores primarios de sus cuadros consiguen que la obra de Miró sea tan universal.

Joan Miró nació en Barcelona y era hijo de un relojero. En 1907 empezó a estudiar en una escuela de comercio y en 1909 ya trabajaba de escribiente en una droguería. En 1911 se puso muy enfermo de tifus y lo enviaron a recuperarse a la masía familiar de Mont-roig del Camp (Tarragona), el pueblo de su padre. Allí descubrió su potencial artístico y decidió dedicarse a la pintura. Desde pequeño era aficionado al dibujo e incluso había estado matriculado en la escuela de bellas artes de La Llotja.

Cuando tenía 18 años entró a estudiar pintura en la Academia de Francesc Galí, en Barcelona, y se relacionó

con otros artistas catalanes del momento. En aquella época recibió todo tipo de influencias de las que se quiso liberar durante el resto de su vida, como por ejemplo del arte cubista y fauvista, de obras de Cézanne y de Van Gogh...

Miró tenía una visión casi mágica de la energía que nos transmite la tierra y la naturaleza y que captamos a través de los pies (del mismo modo en que un árbol la capta con las raíces, aprendió en Mont-roig), y también el cielo y las estrellas, como vio en Mallorca, de donde era su madre y donde también paso largas temporadas; de hecho, se fue a vivir a Mallorca el 1956 y se quedó hasta en 1983, cuando murió, acompañado de su esposa, Pilar Juncosa, y de la hija de ambos, Maria Dolors.

Aunque en alguna ocasión se haya dicho, Miró no fue un pintor surrealista como Salvador Dalí, se alejó progresivamente de pintar formas concretas y referencias de la realidad visible, pero conservó los elementos que le interesaban: el inconsciente, la fantasía, el sueño. De este modo creó un lenguaje singular, personal e inconfundible, capaz de expresar su gran preocupación: la fuerza mágica de la tierra. El Sol, los pájaros y las estrellas del universo mironiano son la expresión de la energía mágica de la naturaleza, y la muestra en cuadros, pero también en esculturas, murales, tapices, cerámicas... Dicen que fue un hombre hermético, porqué quería recuperar el niño que había sido y para conseguirlo no podía "contaminarse" con influencias externas que no fuesen la naturaleza y las constelaciones.

Monje, José "Camarón"

Cantante (España, 1950-1992)

El flamenco, el *cante jondo*, tiene muchos siglos de historia. Como en tantas otras disciplinas artísticas, hay quien defiende que todo sea siempre igual y quien prefiere incorporar novedades. José Monje, conocido como *Camarón* (durante un tiempo como *Camarón de la Isla*), fue un renovador que consiguió que un gitano fuese elogiado por miles y miles de seguidores de su arte, gracias a lo que los flamencos llaman "duende". Y, todavía más difícil, consiguió que los aficionados al flamenco lo consideraran, de una manera unánime, como el mejor cantante de la historia.

Sus primeros tiempos no fueron fáciles y cuando tenía 7 años ya tuvo que empezar a cantar por las tabernas para ganar algunas monedas, porque su padre acababa de morir de asma. A los 12 años ya

ganó un concurso de flamenco, el primero de una serie de premios y reconocimientos que recibiría. Empezó a viajar por el mundo con otros cantantes y llegó el éxito. De los 18 discos que grabó, destaca *La leyenda del tiempo* (1979), que revolucionó el mundo del flamenco porque añadía sonoridades propias del jazz e incluso del rock, y también *Soy gitano* (1989), el disco más vendido de la historia del flamenco.

Murió joven, a los 41 años, de un cáncer de pulmón. Fascinaba a todo aquél que le escuchaba, iluminaba el escenario con la profundidad de su canto y de su tradición. Su pueblo, el gitano, hizo de él una bandera y sus actuaciones tenían un aire de reivindicación política y social, como pasó con Bob Marley (qué vidas más parecidas, ¿verdad?), porque Camarón también fue, y todavía es, un ídolo. Más modesto, eso sí.

MORITA, AKIO

Empresario (Japón, 1921-1999)

El mundo de la empresa en Japón tiene un antes y un después de 1955, año en el que el físico Akio Morita puso en venta el primer aparato de radio de bolsillo de su empresa, Sony. Hoy en día Sony es un imperio y la gama de productos electrónicos que fabrica es muy amplia, y eso teniendo en cuenta que es necesario adaptarse a cada época e innovar de manera permanente, porque donde antes había cintas de casete ahora hay discos de CD, y una radio pequeña como un tapón de bolígrafo era impensable hace 20 años.

Akio Morita era miembro de una familia ilustre y tradicional de Nagoya que se había hecho rica vendiendo salsa de soja y sake, el típico vino japonés de arroz. Pero Akio no se lo pasaba nada bien cuando tenía 10 años y su padre le obligaba a asistir a les reuniones de negocios de la empresa familiar (después reconoció que lo que aprendió le fue muy útil). Akio prefería hacer otras cosas y, aprovechando sus estudios de física (además le gustaba muchísimo todo lo relacionado con la cultura occidental y, en especial, la música clásica), empezó a idear aparatos electrónicos hasta que fundó Sony (que viene del latín *sonus*), que durante los años 1950, 1960 y 1970 fue la empresa que más productos electrónicos puso en venta: aparatos de alta fidelidad, cámaras de video,

radios, micrograbadoras, televisores... En algunos casos perfeccionaban aparatos ya existentes, pero en otras los inventaban, como el *walkman*, el aparato de radio y casete que se puede escuchar con unos auriculares mientras se va caminando.

A pesar de su innegable instinto comercial, Morita se equivocó en una ocasión, cuando optó por el sistema de video Betamax, que no fue tan popular como el VHS. Ahora ha quedado en una anécdota, porqué los dos sistemas hace años que han quedado arrinconados por el DVD.

Uno de los secretos de Morita fue viajar mucho para conocer directamente las necesidades de los distintos mercados del mundo y poder satisfacer a los futuros clientes. Gracias a su trabajo y a la manera en que puso su ingenio al servicio de la gente (y del negocio, claro está) recibió distintas condecoraciones, como la Orden del Tesoro Sagrado, que concede el Emperador del Japón, y fue el primer japonés en recibir la Medalla Albert, que concede la Real Sociedad de las Artes del Reino Unido.

NAISMITH, JAMES

Inventor del baloncesto (Canadá, 1861-1939)

Normalmente, los deportes no se sabe con certeza de dónde salen, ni quién los inventó. Suelen derivar de juegos antiguos, tan antiguos que nadie recuerda su origen. En cambio hay un deporte de los más famosos, el baloncesto, que sí que tiene "inventor", James Naismith.

Cuando era estudiante, Naismith (nacido en Canadá pero hijo de mineros escoceses que habían emigrado) quería crear algún deporte que en invierno se pudiera jugar bajo techo. Más tarde, cuando era profesor de gimnasia y los alumnos no le hacían caso, decidió colgar con unos cordeles de los balcones del gimnasio unas cajas de melocotones sin fondo e intentar hacer pasar una pelota por el interior. En poco tiempo definió la mayoría de las normas que más de 100 años después todavía se aplican.

Estudió medicina y teología y fue entrenador de baloncesto durante muchos años y, además, un profesor de pedagogía muy querido en la Universidad de Kansas gracias a su carácter simpático y natural.

James Naismith se inventó el único deporte exclusivamente norteamericano, y que mueve mucho dinero en todo el mundo, y no se hizo rico, pero dicen que siempre se sintió muy feliz. Tuvo 5 hijos (¡un equipo de baloncesto!) y, entre otros honores, en 1936, cuando tenía 75 años y durante los Juegos Olímpicos de Berlín, lo nombraron presidente de la FIBA, la Federación Internacional de Baloncesto.

Nobel, Alfred

Inventor (Suecia, 1833-1896)

Es curioso que el hombre que instauró los prestigiosos premios Nobel, uno de los cuales es el de la paz, se hiciese rico fabricando dinamita...

Alfred Nobel nació en Estocolmo (Suecia), hijo de ingenieros. Cuando tenía 9 años su familia se trasladó a San Petersburgo (Rusia), donde su padre abrió una fábrica de armamento para, entre otros objetivos, trabajar en un tipo de torpedo, que son las bombas que utilizan los submarinos. Alfred y sus hermanos pudieron estudiar hasta que la fábrica tuvo que cerrar y regresaron a Suecia. Ya tenía 33 años y seguía los pasos de su padre, pero investigando y haciendo experimentos con la nitroglicerina, un explosivo líquido descubierto hacía poco por un amigo suyo italiano, Ascanio Sobrero. Finalmente, después de accidentes y explosiones imprevistas en las que incluso murieron trabajadores de la fábrica y uno de sus hermanos, Alfred consiguió la dinamita, un explosivo más seguro y el más famoso de los 350 inventos que con los años llegó a patentar.

Entonces abrió fábricas en muchos países para producir dinamita y también explotó (que también significa "sacó provecho") pozos de petróleo en el Cáucaso. Como la dinamita se utilizaba en la minería, pero también para la guerra, es posible que al final de la vida se sintiese culpable de haber provocado muchas muertes con su invento (o quizás simplemente quería que su nombre siguiese siendo famoso cuando el ya no estuviese), de manera que dejó casi toda su fortuna al Estado sueco para que todos los años premiase a las personas de cualquier país que hubiesen dedicado la vida en beneficio de la humanidad. Las cinco categorías de los premios que des de 1901 se conceden el 10 de diciembre (día en el que murió Alfred Nobel de un ataque de corazón en su residencia de San Remo, Italia) son las de física, química, medicina, literatura y el premio Nobel de la paz. En 1968 se añadió el de economía, pero los descendientes no lo aceptan porqué no estaba escrito en el testamento que dejó Alfred Nobel, y por eso lo paga el Banco de Suecia.

Si damos un vistazo a la historia de estos premios, descubrimos datos curiosos, como por ejemplo que, redondeando, de los 775 premios que se repartieron hasta el 2007, solo 1 fue a parar a una persona sueca (la escritora Selma Lagerlöf), 7 fueron para escritores (5) o científicos (2) españoles y, en cambio, unos 280 (!) se los llevaron norteamericanos (nacidos o nacionalizados); ingleses, franceses y alemanes también tienen muchos, pero ni por asomo tantos como los norteamericanos; más o menos, 1 de cada 3 ha sido para una mujer; y, finalmente, una de las muchas anécdotas que acumulan unos premios de más de cien años la protagonizó el filósofo francés Jean-Paul Sartre, que renunció al premio el 1968 porqué dijo que aceptarlo sería perder su identidad como filósofo existencialista (una filosofía que no cree en algunas pautas sociales). A eso se le llama ser coherente.

Potter, Beatrix

Escritora y ilustradora (Reino Unido, 1866-1943)

A estas alturas del libro, si lo habéis leído en orden, ya habréis visto que hay gente que se ha superado, que partiendo de la pobreza ha podido conseguir su objetivo, artístico o profesional. También hay otras personas que lo han podido conseguir siendo de buena familia. Pero también son posibles otras combinaciones, como ser miembro de una familia rica y pasarlo mal porque nadie te hace caso y estás solo y las pocas cosas que te propones no te las dejan hacer porque eres una mujer en una sociedad complicada como lo fue la Inglaterra victoriana, cuando mandaba la reina Victoria (1819-1901), que limitó mucho las libertades individuales con la excusa de las buenas maneras... "buenas" para ella, se entiende.

Pues este es el caso de la escritora e ilustradora infantil Beatrix Potter, que era hija de un abogado (que se pasaba el día en los clubes de caballeros que entonces estaban tan de moda) y de una dama (que se limitaba a recibir y hacer visitas). Los dos vivían de las herencias familiares y estaban tan ocupados no haciendo nada que no podían educar y divertir a sus dos hijos, Beatrix y su hermano Bertam. La vida de soledad (no iba a la escuela porqué tenía profesores particulares y, por lo tanto, no podía conocer a otros niños y niñas) quizá fue la que disparó la imaginación de Beatrix que, a falta de humanos, se inspiró, para escribir los 23 libros que publicó, en animalillos que entraba en casa a escondidas y en los que veía durante las vacaciones en Escocia.

No le resultó sencillo publicar, aunque cuando lo consiguió tuvo éxito de inmediato y pudo vivir con el dinero que ganaba. Ella y su editor, Norman Warne, se amaban, pero lo tuvieron que mantener en secreto porqué los padres de Beatrix no querían que se casase con nadie que tuviese que trabajar para vivir... Al final él murió antes de que se pudiesen casar y, años después, Beatrix Potter se casó con su abogado, William Heelis. Parece ser que cuando se sintió más feliz (aunque ya no podía dibujar por culpa de problemas graves de vista) fue cuando se compró una granja de ovejas, porque le gustaba el paisaje verde con bolitas de lana que hacen *beeee* esparcidas por los prados. Como en sus cuentos.

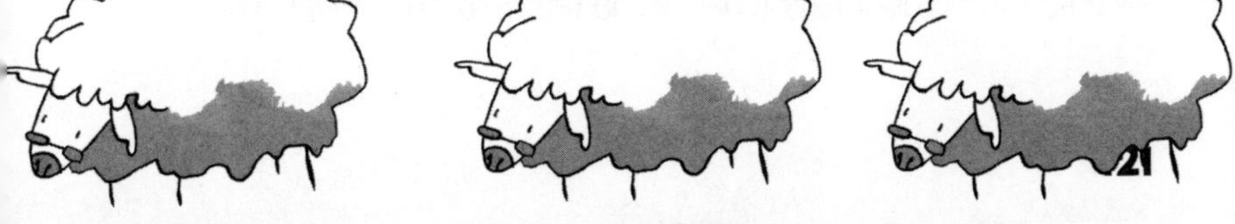

Ramón y Cajal, Santiago

Médico (España, 1852-1934)

Una manera clara de explicar qué significó el trabajo del médico e investigador Santiago Ramón y Cajal la encontramos en las palabras que le dedicó otro médico, Severo Ochoa (1905-1993), que también recibió el premio Nobel (1959): "La investigación en biología y medicina en España es escasa, pero sin Ramón y Cajal no existiría".

Ramón y Cajal era hijo de un médico rural y pasó su infancia cambiando de casa cada dos por tres, viajando por Navarra y Aragón. A pesar de todo, consiguió estudiar medicina, pero decidió no dedicarse a la práctica clínica, sino a la investigación, en una época y un país en los que no había ninguna facilidad para hacerlo, cosa que demuestra la voluntad y la intuición que tenía. Su investigación se centraba en la estructura del tejido nervioso del cuerpo humano y lo condujo a descubrir las neuronas (que, muy resumido, son unos elementos muy pequeños que se dedican a transmitir los impulsos nerviosos desde el cerebro).

Antes de eso, como no era buen estudiante porque no le gustaba aprender las cosas de memoria como un loro, solo pudo encontrar trabajo en los servicios sanitarios militares y lo enviaron a Cuba en 1874 (cuando este país todavía era colonia española). Allí enfermó de disentería y paludismo (en 1878, cuando ya volvía a vivir en la península, también superó una tuberculosis), dos enfermedades graves y contagiosas, y más en aquella época. El caso es que lo dejaron volver un año después y se compró un microscopio para dedicarse a la investigación. Tenía 23 años. Con el paso del tiempo trabajó en las facultades de medicina de las universidades de Zaragoza, Valencia y Barcelona, que es donde en 1888 hizo sus importantes descubrimientos. En 1906 recibió el premio Nobel de medicina y en 1934 murió en Madrid, donde hacía años que vivía y trabajaba.

De joven siempre decía que era muy fuerte, hasta que un día un compañero lo ganó haciendo un pulso y, enfadado, se apuntó a un gimnasio para hacer culturismo, y fue uno de los mejores de Zaragoza. Así rompió el tópico, demostrando que alguien con un cerebro muy inteligente también puede tener un cuerpo fuerte como un roble.

SPIELBERG, STEVEN

Cineasta (Estados Unidos, 1946)

Creció en un suburbio de Nueva Jersey, y antes de los 10 años ya quería dedicarse al cine y cobraba entrada (y su hermana vendía palomitas) por dejar ver las películas en las que filmaba accidentes de trenes de juguete. Cuando tenía 12 años rodó su primera película con guión y actores; a los 13 ganó un premio con un film sobre la guerra; a los 16, la producción *Fire light*, de 140 minutos y que inspiraría la posterior *Encuentros en la tercera fase*, uno de los muchos éxitos que ha tenido, fue llevada al teatro y le proporcionó los primeros 100 dólares de su carrera. Fue el director más joven en conseguir un contrato con una de las productoras más importantes de Hollywood, la Universal.

Muchos de sus éxitos han sido producidos por su amigo George Lucas y han estado acompañados por la música de John Williams. Gracias a títulos míticos como *Tiburón*, *E.T. el extraterrestre*, *Jurassic Park*, la serie sobre Indiana Jones, *Salvad al soldado Ryan*, *La lista de Schindler*, *Minority Report*..., ha ganado 3 Oscar y 2 Globos de Oro.

Ya lo sabéis, si tenéis una cámara de video y os la dejan utilizar, aprovechar para dejar volar la imaginación y, quizás, ¡podréis ser como Spielberg!

SPRINGSTEEN, BRUCE

Músico (Estados Unidos, 1949)

Sin duda es una de las estrellas del rock que hace más años que brilla y que es más querida por sus seguidores, gracias a la música que escribe e interpreta, pero también gracias a que siempre se ha mostrado tal como era al principio: sencillo y simpático, dándolo todo a su público en cada actuación, preocupado por temas sociales y políticos... Le llaman The Boss, que significa que él es quien manda, pero manda sin imponerse a la fuerza, manda porque es uno de los mejores, porque se ha ganado el respeto de todo el mundo.

Tal como pasa a menudo en los Estados Unidos, la mezcla en los orígenes resulta enriquecedora, porque su padre era irlandés y su madre italiana, allí, en su Nueva Jersey natal. Y tal como le pasó a mucha gente hace unos 50 años, decidió dedicarse a la música después de ver actuar en televisión a Elvis Presley (1935-1977), considerado el Rey del Rock, es decir, que está por encima del Jefe (*Boss*)... claro que eso va a gustos. Y es que Elvis fue una estrella que

rompió moldes en el fenómeno de las fans, hizo de actor de cine y, como se suele decir, murió de éxito en verse abrumado de tanto dinero y seguidores. Bruce Springsteen, en cambio, jamás ha perdido la serenidad y sus letras, que son poesías urbanas, muestran la persona sensible que es: aquel muchacho de 13 años que con muchos esfuerzos económicos familiares consiguió la primera guitarra, aquél joven que conoce la vida dura de los marginados de las calles y el hombre que se solidariza con todo tipo de buenas causas. Un poeta norteamericano. Porque eso lo tienen los norteamericanos, son muy patriotas, como demuestra uno de los temas más famosos de Springsteen: *Born in the USA*.

Ha editado más de 20 discos que recogen las variaciones de su estilo, y ha vendido unos 65 millones de ejemplares. Pero si algo tienen claro sus fans es que donde realmente es el *Boss*, donde realmente no se guarda nada para luego, es en las actuaciones en directo, tanto si son en solitario como acompañado de su grupo de toda la vida, la E Street Band. En el escenario Bruce es el rey de reyes.

Toriyama, Akira

Dibujante (Japón, 1955)

De muy pequeño ya le gustaba dibujar y, a pesar de que a sus padres no les parecía bien, fue a estudiar a una escuela de diseño gráfico. Después empezó a trabajar en publicidad hasta que en 1978 publicó su primera historieta de *manga* (los cómics japoneses), *Wonder Island*. Continuó trabajando de dibujante y guionista mostrando su enorme imaginación y sentido del humor, y en 1980 consiguió su primer gran éxito con *Dr. Slump*, las aventuras de la robot Arale. En total dibujó 18 volúmenes. Y también ha creado otras historias, pero su gran obra, en papel y posteriormente en series de *anime* (los dibujos animados japoneses), es la saga de *Dragon Ball*.

Siempre ha sido un trabajador incansable y no le gusta la fama. No suele conceder entrevistas y circulan muy pocas fotos de él. Para una persona así de sencilla y tímida es insufrible que si alguna vez va a Tokio y los fans se enteran, lo rodeen multitudes que lo aclaman he incluso lo acompañan de regreso al aeropuerto formando caravanas de centenares de vehículos. Pero debéis tener en cuenta que su fama es muy grande, porque la trilogía de *Dragon Ball*, *Dragon Ball Z* y *Dragon Ball GT*, una obra maestra de más de 500 capítulos que se publicó a lo largo de más de 10 años, ha sido un éxito mundial: ¿quien no conoce a Son Goku y las siete bolas de dragón? Tras la versión televisiva (*Dragon Ball GT* se ideó directamente para la televisión y Toriyama no se implico demasiado) la lista de todos los productos relacionados que todavía se venden es larga: juegos, muñecos, música, pósters, cromos, disfraces...

Toriyama continua dibujando *manga* y también crea personajes para videojuegos, por ejemplo los del famoso *Dragon Quest*. Como que en la serie que lo ha hecho famoso hay muchas peleas, en algunos países lo acusan de violento, pero ¿queréis saber cuales son sus influencias más marcadas? *Astroboy*, un *manga* clásico japonés d'Osamu Tezuka y... *101 dálmatas*, ¡la de Walt Disney, sí!

WEISSMULLER, JOHNNY

Nadador y actor (Estados Unidos, 1904-1984)

Nacido en Banat, que hoy pertenece a Rumania, hijo de una familia de origen alemán, este nadador olímpico y actor entrañable vivió dentro del agua y también "en la selva" como si fuesen su casa. Antes de llegar a la selva de decorado de cine, fue el mejor nadador de su época (los años 1920), y así lo demuestran los 67 récords mundiales que batió, una proeza increíble. Como de pequeño era algo enclenque, los médicos le recomendaron practicar la natación y, unos cuantos años después fue el primero en nadar en menos de un minuto una distancia de 100 metros en estilo croll. Ganó cinco medallas de oro olímpicas y una de bronce (en los Juegos de París de 1924 y de Ámsterdam, en 1928), además de 52 campeonatos nacionales

de los Estados Unidos. Curiosamente, no le permitieron competir en las olimpiadas de Los Angeles, en 1932, porqué había sido modelo de bañadores; qué estupidez de prohibición, ¿no os parece? Aunque el médico que le recomendó practicar la natación dio en el clavo, eso sí.

A pesar de sus muchos éxitos en el mundo de la natación, Johnny Weissmuller se hizo famoso, y mucho, gracias a las 20 películas en las que actuó (la primera en 1929 y la última en 1976), en 12 de las cuales interpretaba el personaje de Tarzán. Después de la época de nadador empezó a trabajar haciendo de modelo y entonces lo contrataron para aparecer en algunas películas hasta que en 1932 interpretó la primera como Tarzán y tuvo mucho éxito. Incluso el autor de las novelas del rey de la selva, Edgar Rice Burroughs, estaba encantado con la elección del actor.

Se casó cinco veces y tuvo tres hijos (todos

de la misma madre). Al final de su vida ya estaba muy enfermo y desorientado, hasta el punto que se creía realmente que era Tarzán y espantaba el personal de la residencia de Acapulco en la que vivía con su mítico grito de rey de la selva.

WILLIAMS, JOHN

Compositor (Estados Unidos, 1932)

Hace siglos que existen músicos dedicados a componer lo que se denomina "música clásica", que pueden ser sinfonías, conciertos, cuartetos y, entre otros muchos formatos, ópera. Hoy también se escribe este tipo de música, pero si nos lo preguntan, los primeros nombres que nos llegan a la memoria son

Mozart, Wagner, Beethoven... ¿Dónde escuchamos "música clásica" moderna? En las películas. Y el maestro de maestros por lo que se refiere a la composición de bandas sonoras es John Williams. ¿Queréis pruebas? Pues fijaos en los títulos de algunas de las sagas a las que ha puesto música: Indiana Jones, la Guerra de las Galaxias, Superman, Harry Potter... La lista es larga porque ha compuesto la música de 100 películas, además de música para la televisión. Ha ganado cinco veces el Oscar a la mejor banda sonora, pero tiene el récord de candidaturas: ¡45! Además, posee 4 premios Globo de Oro y 20 Grammy.

Su vida privada y su infancia podríamos definirlas de nada conflictivas, estudió piano y empezó colaborando con compositores importantes de bandas sonoras, hasta que se estrenó el 1966 en *Cómo robar un millón...* (dirigida por William Wyler y protagonizada por Peter O'Toole y Audrey Hepburn), y el resto: trabajo y éxito. Es un enamorado de la música, por supuesto, hasta el punto que el 1993, después de escribir la música de *La lista de Schindler* (dirigida por Steven Sipelberg), por la que obtuvo un Oscar, declaró que se retiraba... ¡y ha trabajado en 27 películas más! Seguro que todos hemos cantado alguna vez alguna de sus melodías, ¿verdad? Si pensáis en Indiana Jones, ¿qué música os viene a la cabeza?

Zappa, Frank

Músico (Estados Unidos, 1940-1993)

Este músico genial es una muestra más de las mezclas de nacionalidades que a menudo tienen lugar en los Estados Unidos. En su caso, proviene de una familia de origen italiano, griego, árabe y francés aunque como muchos, él se sintió norteamericano. A diferencia de otros, siempre se mostró muy crítico con la política y la sociedad norteamericanas, porqué además de ser un gran músico, por encima de todo, también fue un hombre comprometido con diversas causas, como la antibelicista, es decir, que estaba contra las armas, y también contra la hipocresía de su país. Aunque vivió en una época (los años 1960 y 1970) y en un lugar (California) donde circulaban muchas drogas, siempre criticó el consumo. En resumen: era innovador, visionario, imprevisible, excéntrico: único. Fue tan especial que, tal como ha pasado con otros grandes personajes de la historia, provocó reacciones inesperadas, por ejemplo en 1971, mientras actuaba en un teatro de Londres, cuando una persona del público subió al escenario y lo lanzó al foso de la orquesta.

Frank Zappa pasó casi un año en silla de ruedas y la voz le quedó un tono más grave.

Era una persona amable, pero muy cerrada, sobretodo porque consideraba que el género humano es estúpido (más o menos como Einstein, ¿recordáis?) mientras no se demuestre lo contrario. Por eso no tenía demasiados amigos, a parte de su mujer y sus hijos, a los que quería mucho.

Como músico era ecléctico, que significa que hacía de todo, pop, rock, música clásica contemporánea, jazz, vanguardia, operetas, teatro musical, música electrónica, country, melódica, música de cámara... casi todo mezclado con humor. Empezó tocando el violonchelo, muy influenciado por Stravinsky, pero lo cambió por la guitarra eléctrica y se dejó llevar por otro tipo de influencias, que se hacía suyas. Se puede decir que formó a muchos grandes músicos que pasaron por sus grupos porque, como persona cambiante que era, varió bastante de acompañantes.

Se avanzó a su época en muchas cosas, como por ejemplo en querer tener un control absoluto de sus discos sin tener que sentirse sometido a una empresa discográfica y, también, fue uno de los pioneros en ofrecer su música en internet. Aunque no era mayor cuando murió (a los 52 años, de un cáncer, y fue enterrado en un cementerio de California bajo una lápida sin identificar, porqué una vez muerto quería estar tranquilo), pudo grabar mucha música (más de 80 discos), porque era muy trabajador y porque siempre estaba probando ideas nuevas. Ahora sus discos casi son incontables, porque su familia, más de quince años después de su muerte, todavía va publicando algunos nuevos aprovechando las muchas grabaciones que dejó Frank Zappa en su estudio. A él quizás no le gustaría... pero no puede protestar. De hecho, es parte de la herencia que legó, teniendo en cuenta que uno de sus primeros discos se tituló *We're only in it for the money* (1968) (*Estamos en esto por la pasta*), refiriéndose, con ironía, a la música como negocio.

A pesar de ser tan creativo y autor de unas letras muy críticas, jamás se sintió un intelectual, a la manera algo grandilocuente que algunos se definen, y para marcar la diferencia declaró que la música era "una manera de entretenerse" y nada más.

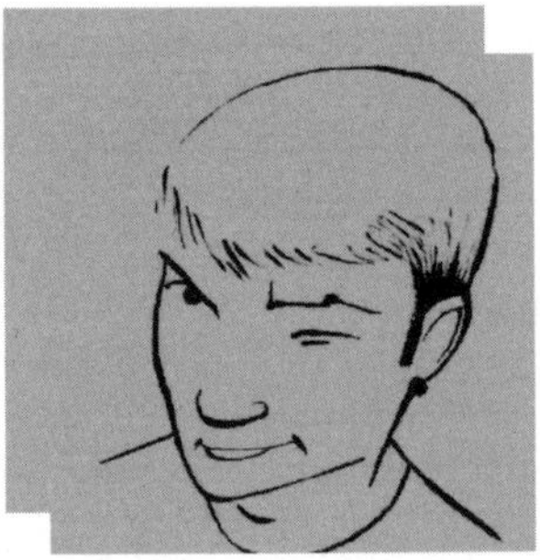

Lewis York nació un frío (pero no gélido) 15 de enero de 1966, en el seno (aunque suele salirse por la tangente) de una familia algo asilvestrada y difusa. Estudió... poco, quizá porque, como dice un amigo suyo, no es que no reflexione, es que reflexiona mal. Podría haberse dedicado a cualquier cosa: controlador aéreo, vendedor ambulante, presidente de gobierno, sexador de pollitos, pregonero afónico, dirigente sindical, ingeniero de robots..., pero gracias a su tesón y a la paciencia de su esposa consiguió escribir algún texto algo más largo (y ancho) que la lista de la compra y, lo más increíble, llegó a cobrar por ello. Ha publicado algunas novelas, varios cuentos y muchos artículos de prensa. También ha escrito guiones para series de humor (él creía que eran dramas sociales y nadie le sacó del error, por si acaso). El queso es el alimento que más le gusta; de hecho, le chifla. Y no hay mucho más que contar... Bueno sí, que suele sentirse bastante feliz, y es consciente de que conseguirlo no es empresa fácil.

Oriol Malet nació en la primavera de 1975, quizá por eso tenga la cabeza tan llena de pájaros... Como su compañero Lewis York, tampoco estudió demasiado, aunque le interesaba muchísimo todo lo que le enseñaban. Hasta los 29 años se dedicó a dibujar los pájaros que revoloteaban en su cabeza desde pequeño, pero gracias sobre todo a la insistencia de su esposa y de sus dos gatas, ahora es feliz dibujando de todo para ganarse la vida. Ha ilustrado bastantes cuentos, novelas, artículos de prensa, revistas y portadas de CD. Ahora también se dedica a estudiar todo lo que de pequeño no estudió demasiado bien...

CAJÓN DESASTRE

OTROS TÍTULOS DE LA COLECCIÓN